OJOS PARA NO VER
(Teatro)

COLECCIÓN TEATRO

EDICIONES UNIVERSAL. Miami, Florida, 1979.

MATIAS MONTES HUIDOBRO

OJOS PARA NO VER

(TEATRO)

EDICIONES UNIVERSAL

P.O. BOX 450353 (Shenandoah Station)
Miami, Florida. 33145. USA.

© Copyright 1979 by Matías Montes Huidrobo

Portada: Ana María Montes

Llibrary of Congress Catalog Card Number: 79-52160

ISBN: 0-89729-229-4

Depósito Legal: B. 33.284-1978

Printed in Spain   *Impreso en España*

Impreso en el complejo de Artes Gráficas Medinaceli, S. A.
General Sanjurjo, 53 - Barcelona-25 (España)

LO QUE DICE LA CRÍTICA

Una premonición que se consuma

«Matías Montes Huidobro (n. 1931), comenzó su carrera teatral con una pieza en un acto, *Las cuatro brujas* (1949), tras de la cual vino *Sobre las mismas rocas* (1951),[1] y a ésta se sumaron luego *Sucederá mañana* y *La puerta perdida*. A estas obras, que no son de ambiente cubano, ya por el lugar donde se desarrolla la acción, ya porque presentan extrañas situaciones que tienen su origen en una predestinación o en una premonición que se consuma, se agregan estas dos, que reproducen la vida cubana: *El verano está cerca* y *Las caretas*; pero las concepciones de este autor tienden más a lo universal que a lo particular. Aun así, ese afán de universalismo no le impide describir, de modo impresionante, en *Las caretas*, los carnavales veraniegos de Santiago de Cuba» (Max Henríquez Ureña, *Panorama histórico de la literatura cubana*).

Su humor negro y su indómita ternura

En 1960 la sala Arlequín inauguró «un caro proyecto de su director, Rubén Vigón, *Lunes de Teatro Cubano*... La obra seleccionada para esta primera presentación fue *Los acosados*,[2] del joven autor Matías Montes Huidobro. Una breve e intensa secuencia dramática que apresa, felizmente, el agónico impulso vital en que se debaten ella y él, que dado el cúmulo de circunstancias resultan

---

1. *Sobre las mismas rocas* recibió el Premio Prometeo en 1951. Fue llevada a escena por Prometeo ese mismo año. Las restantes obras mencionadas por Henríquez Ureña permanecen inéditas. *Las cuatro brujas* recibió Mención Honorífica en el concurso Prometeo de 1950.
2. *Los acosados* apareció en *Lunes de Revolución* el 4 de mayo de 1959. Se estrenó en la Sala Arlequín, por la Asociación Pro-Arte Dramático, en 1960. En 1959 y 1960 se representó en Camagüey y Matanzas respectivamente. Fue llevada a la televisión por CMBF Revolución en el programa Pueblo y Cultura en 1960.

Los acosados. Montes Huidobro verifica en esta pieza un preciso corte transversal en la realidad y evasión de una angustia cotidiana que alcanza la dimensión precisa de un intenso drama universal... Toda una realidad económica y social donde *Los acosados* aman, sufren y hasta ríen su humor negro y su indómita ternura. En ese afán de asirse a la vida, una vez que se cierra un ciclo, vuelven, con la ironía del caso, a comenzar.» (Ramón Gainza, periódico *El Mundo*). «A la hora de seleccionar la mejor pieza en un acto de este autor, la elección se dividía entre *Los acosados* y *Gas en los poros*.[3] A favor de la primera estaba un tratamiento realmente impresionante y original del tiempo, que va transcurriendo «liberado» a lo largo de la obra y de ocho meses, sin interrupción alguna, salvo un ligero cambio de luz en la bombilla que ilumina la habitación... Pero finalmente me decidí por *Gas en los poros*... MMH ha logrado integrar una atmósfera específicamente teatral, un diálogo sin retórica y falsa literatura, al tiempo que una acción, que sin dejar de ser esencialmente realista, verídica, logra al final expresar más allá de las cuatro paredes de la escenografía, el encierro, la asfixia y deformación moral de sus personajes» (Rine Leal, *Teatro cubano en un acto*).

No es pez de esas aguas

«En *La botija*[4] se cuentan los últimos momentos de la vida de un malversador del antiguo régimen... Al final el hombre muere de un colapso, la mujer se precipita y saca la preciada botija de una mesa de noche. El enfermo quiere la botija, la mujer quiere la botija, forcejean, y de repente alguien de entre el público se levanta —alguien que es también otro personaje de la obra— y reclama para sí la botija. Los espectadores no se lo esperan y ese hábil imprevisto cumple su misión... Finalmente, si alguien me pidiera una antología de las mejores piezas en un acto que han escrito los cubanos, incluiría *La botija* entre ellas; *El Flaco y el Gordo*, de Virgilio Piñera; *El Mayor General hablará de Teogonía*, de José Triana; y *Pan viejo*, de Fermín Borges» (Antón Arrufat, periódico *Revolución*). «Ese elemento» (de sorpresa) «cierra la obra con un legítimo golpe de efecto y la convierte en una de las más

---

3. *Gas en los poros* se publicó en *Lunes de Revolución* en 1961. En 1961 CMBF, Televisión Revolución, guión del autor, la lleva al video. Prometeo la lleva a escena en 1961. Es seleccionada por Rine Leal para aparecer en *Teatro cubano en un acto* (La Habana: Ediciones Revolución, 1963), donde también se incluyen obras de Piñera, Arrufat, Triana, Reguera Saumell, Estorino, etc.

4. *La botija* fue publicada por la *Revista Casa de las Américas* en 1960. Es llevada a escena en la Sala Arlequín por la Asociación Pro Arte Dramático ese mismo año. Se representa en Guanabacoa, Matanzas y otras ciudades del interior.

efectivas del incipiente "repertorio revolucionario"» (Calver Cassey, periódico *Pueblo*). «*La botija* en un acto, es antecedente de su (reciente) obra en tres actos, *Las vacas*.[5] Ya aquí el tema es francamente revolucionario. Ambas piezas satirizan la desesperación de las clases afectadas por las leyes revolucionarias... En la segunda obra, las vacas son también el último reducto de la fortuna de un latifundista, el cual, escondiéndolas en su lujosa mansión campestre, pretende salvarlas de la reforma agraria» (Natividad González Freire, *Teatro cubano*). *El tiro por la culata*[6] «estrenada en el Festival de Teatro Campesino el 22 de marzo de 1961... pone de manifiesto el acercamiento a la farsa y al entremés clásico, vertido en moldes criollos. El interés del hacendado Gaudencio por Carmelina, la joven y pobre guajira, destaca el tema de la explotación del pobre honrado por el rico perverso. Sin embargo Montes Huidobro no es pez de esas aguas y parece que la mera exposición de un estado de cosas de índole tradicional no le asienta. La última parte de la pieza cobra un giro inesperado: del cuasi realismo de principios se salta, casi bruscamente, al neoentremés cervantino, a la farsa con moraleja o al juego retórico de un Molière. Aquí la tradicional, sencilla e inculta campesina cobra por arte de magia, un sutil y discreto ingenio que logra arruinar los planes del mal hacendado con sólo las armas de sus razonamientos y certeras palabras» (Orlando Rodríguez-Sardiñas y Carlos Miguel Suárez Radillo, *Teatro contemporáneo hispanoamericano*).

The contradictory passions

«*La sal de los muertos*[7] es otra obra de aspecto simbólico, a veces no muy obvio, donde personajes como Tigre y Cuca representan un pasado; Aura y Lobo, un presente preñado de pasado vital, y Lobito, el futuro; Caridad, a la que se cree loca, viene siendo algo así como una representación deformada del pueblo, al que no

---

5. *Las vacas* recibió el premio José Antonio Ramos de 1960, cuando se inauguró este concurso. Se estrenó en el Palacio de Bellas Artes en 1961. Un fragmento de la obra apareció publicado por el Municipio de La Habana, Departamento de Bellas Artes, en 1960. La obra completa permanece inédita. Una edición de la misma fue confiscada por el gobierno cubano en 1961.

6. *El tiro por la culata* fue llevada a escena por Teatro Estudio en 1961. Fue una de las obras que inauguró el Festival de Teatro Obrero y Campesino de 1961, siendo llevada a escena por el Teatro Nacional. Posteriormente se representó en varios lugares del interior. En 1961, CMBF, Televisión Revolución, la lleva al video, guión del autor. Aparece publicada ese mismo año por unas ediciones del Municipio de Marianao.

7. *La sal de los muertos* es incluida por Orlando Rodríguez-Sardiñas y Carlos Miguel Suárez Radillo en *Teatro contemporáneo hispanoamericano* (Madrid: Escelicer, 1971), vol. III. Una versión original de esta obra fue recogida por el gobierno cubano en 1961.

dan entrada en el juego de todos los personajes. Juego, al cabo, de rufianes, donde el pasado engendra un futuro horrible y desfigurado. En la trama todo se aúna para aniquilar al pasado, pero no para mejorarle, sino para suplantarle en el juego y obtener los frutos del botín» (Orlando Rodríguez-Sardiñas y Carlos Miguel Suárez Radillo, *Teatro contemporáneo hispanoamericano*). «The Guillotine [8] (*La madre y la guillotina*), written in 1961, discloses, by an elaborate play-within-the-play technique, the contradictory passions usually unchained at the outset of a revolution. The hatred, the shameless hypocrisy, and the morbid egotism of the daughters —both guilty and therefore doomed— form a sharp contrast to the suffering of the mother, symbol of the Mater Dolorosa, eternally mourning for the victims of that insanity that makes man the indifferent executioner of his fellow» (Francesca Colecchia y Julio Matas, *Selected Latin American One-Act Plays*).[9]

---

8. *La Madre y la Guillotina* se ha publicado solamente en inglés bajo el título de *The Guillotine* en *Selected Latin American One-Act Plays* (Pittsburgh: University of Pittsburgh Press, 1972), al cuidado de Francesca Colecchia y Julio Matas. Se incluyen obras de autores representativos latinoamericanos. Leon Lyday comenta: "Perhaps the best of the lot is Montes Huidobro's intriguing *The Guillotine*, but Garro's *A Solid Home* and Dragún's *The Man Who Turned Into a Dog* also merit special attention" (*Latin American Theatre Review*, Primavera 1975). Esta obra, en español, ha sido estrenada por Prometeo, en el Café-Teatro El Portón, en Nueva York, en 1973. También ha sido representada en el Symposium de Teatro Hispánico Contemporáneo que tuvo lugar en el Queensborough Community College CUNY en 1976, así como en el Festival Hispánico del Mercy College de Nueva York, del mismo año.

9. *Funeral en Teruel* permanece inédita. Una versión con un acto de *Ojos para no ver*, bajo el título de *Hablando en chino* apareció en *Escolios*, Primavera 1977.

Personajes:

    Solavaya
    María de la Montaña
    María la Anunciación
    María la Magdalena
    María la Concepción
      (la misma actriz representará
      el mismo personaje)
    Ciego de la Bahía
    Pútrida
    Madre Superiora
    Ruperta
    La Conga
    Manengue
    Andrajosas 1 y 2
    Soldados 1 y 2

Escenografía: Cámara negra; detalles del texto

PRIMER ACTO

Escena I

SOLAVAYA, MANENGUE

(Se escucha una descarga de ametralladoras. Se ilumina el centro del escenario con un cono de luz. Aparece Solavaya con uniforme militar, los brazos cruzados, las piernas abiertas).

SOLAVAYA: (*Gritando desaforadamente*). ¡Manengue, Manengue!
MANENGUE: (*Surge de las sombras. Se cuadra de una forma algo grotesca. Lleva un uniforme militar que le queda grande*). ¡A sus órdenes, mi General!
SOLAVAYA: ¿La cogieron? ¿Qué pasó con la puta esa?
MANENGUE: Lo de siempre, pero la agarramos en el último momento.
SOLAVAYA: ¿Le entraron a golpes?
MANENGUE: Como de costumbre.
SOLAVAYA: ¿Y con quién fue esta vez?
MANENGUE: Como de costumbre.
SOLAVAYA: ¡Cabrón, contesta! ¿Con quién fue esta vez?
MANENGUE: Con el Ciego que cruza la Bahía.
SOLAVAYA: ¿Y lo fusilaron en el Muro de la Victoria?
MANENGUE: Como de costumbre.
SOLAVAYA: ¡Vete al carajo!
MANENGUE: ¡Cómo de costumbre! (*Cuadrándose*). ¡A sus órdenes, mi Coronel!

(Desaparece Manengue entre las sombras. Oscurecimiento lento. Solavaya, en pose, al centro. Nuevas descargas se prolongan en la oscuridad).

11

Escena II

CIEGO, MARÍA

(*Luz azul que inunda el escenario como un mar inmenso e indefinido. Aparece el Ciego de la Bahía caminando con cierta inseguridad. Lo sigue María de la Montaña, vestida en blanco, azul y rojo. Está encadenada. Parecen perseguidos. Lejanas descargas de ametralladoras*).

María: ¿Oyes?
Ciego: Es el mar.
María: ¿No es el viento?
Ciego: Es el agua.
María: ¿Crees que llegaremos? ¿Podremos cruzar a la otra orilla?
Ciego: No sé. ¿Quién puede saberlo? ¿Recuerdas la última vez? Esa vez fueron las alambradas.
María: Estuvimos a punto de llegar, pero yo sabía que no iba a ser posible.
Ciego: Siempre llevamos la de perder. Es la historia de siempre.
María: ¿Vendrán a buscarnos?
Ciego: Eso dicen, pero no hay que confiar en ello.
María: En el pueblo se dice, de buena tinta...
Ciego: No lo creas... Ilusiones de la gente...
María: Aseguran que...
Ciego: Rumores... No les hagas caso...
María: Eso me digo yo, y sin embargo... Siempre tengo esperanza...
Ciego: No hay que hacerse demasiadas ilusiones.
María: Y a ti, ¿cuántas veces te han matado?
Ciego: He perdido la cuenta.
María: ¿Te has ahogado también?
Ciego: Sí, y hasta me han comido las pirañas.
María: Debe ser terrible.
Ciego: Uno se acostumbra hasta a la muerte.
María: ¿Cuál es peor?
Ciego: Da lo mismo una cosa que otra.
María: El mar debe estar lleno de cadáveres.
Ciego: Lo peor es tener que intentarlo mil veces.
María: Tiene que haber alguna solución. Una vez, lo recuerdo, yo pude. Éramos tres y yo iba entre ellos.
Ciego: Ahora es otra cosa. Son otros tiempos. Ya ha pasado la épo-

ca en que se te daba crédito por salvar en medio de tempestades. Ahora no eres nadie, María.
MARÍA: Tiene que haber alguna solución.
CIEGO: No te hagas ilusiones. Procura acostumbrarte.
MARÍA: No puedo. No podré jamás. Ya hay demasiados muertos.
CIEGO: Lo de siempre.
MARÍA: Estoy cansada... ¡Quisiera que me mataran de una vez para no volver a nacer nunca más!
CIEGO: ¡Qué más quisiera yo!
MARÍA: ¡Estoy perdida! ¡No quiere deshacerse de mí! (*Enseñando las cadenas*). ¿No ves cómo me tiene?
CIEGO: Pronto habrá terminado todo.
MARÍA: ¿Será posible?
CIEGO: Para empezar de nuevo, quiero decir.
MARÍA: Quizás no. Tal vez podamos cruzar el bosque. Tal vez encontremos el bote y podamos cruzar a la otra orilla. ¿No estará el bote cerca de aquí?
CIEGO: (*Palpando en el vacío*). Eso creía yo, pero no acabo de encontrarlo. ¿Lo ves tú por alguna parte?
MARÍA: Nada. Todo está cerrado. No encontraremos la puerta de salida.
CIEGO: Es inútil, pero uno siempre lo intenta.
MARÍA: Mañana no podré. Me resignaré a mi suerte. No salir. No escapar jamás. Es demasiado para mí. ¿Es que no voy a poder detenerme? Caigo y me levanto como si sacara fuerzas que no tengo. No lo haré más.
CIEGO: Inténtalo si quieres. Pero no podrás. Es más difícil que morir un millón de veces. Yo siempre lo he intentado inútilmente. Pero la pesadilla es un círculo vicioso que llevo como una corona de espinas en la frente. Creo que voy a cruzar el mar: que caminaré sobre las aguas o que las aguas se irán para darme paso. Pero cuando ya estoy en la playa y escucho el rumor del mar, llegan y me llevan preso. Después me fusilan en el muro de Monte Calvario. O me dejan muerto en la arena. (*Pausa*). La rutina. Lo de siempre.
MARÍA: ¡No, no, esta vez no quiero que suceda!
CIEGO: Sucederá aunque tú no lo quieras. Y lo peor del caso es que volveremos a tratar.
MARÍA: ¡No, no, eso duele demasiado!

(*Se han escuchado a lo largo de la escena descargas de ametralladoras cada vez más cercanas. La coloración va cambiando hacia un tono rojizo. Los personajes intentan ocultarse, pero no tienen donde*).

SOLAVAYA: (*Grita fuera de escena*). ¡María... María...! ¿Pero dónde se ha metido esa hija de perra?
SOLDADOS: (*Voces*). ¡Ciego de la Bahía! ¡Date preso!
SOLDADOS: (*Voces*). ¡Hijo de mala madre! ¡Entrégate!
CIEGO: (*Se yergue. Grita como si abriera el pecho a las balas, de frente al público*). ¡Ahora, aquí, siempre, apunten, disparen...! ¡Fuego!

(*Detonaciones. Cae muerto*).

MARÍA: (*Se lanza sobre él. Lo abraza llorando*). ¡No, no, no...!

ESCENA III

MARÍA DE LA MONTAÑA, CIEGO, SOLDADOS. DESPUÉS, LAS ANDRAJOSAS.

(*Tono rojizo. Los soldados entran con ametralladoras. Las Andrajosas, desmelenadas, ripios grotescos, entrarán un poco después. Cuando entran, los soldados arrastran violentamente al Ciego de la Bahía y le dan unas patadas a María*).

SOLDADO 1: (*Al Ciego*). ¡Cabrón, delator de mierda! ¿Y creías que ibas a salirte con la tuya? ¿Para qué crees que hacemos guardia aquí en la playa?
SOLDADO 2: ¡Ése es el que hacía señales a los barcos!
SOLDADO 1: El General seguro que nos va a dar una medalla por haber matado al Ciego en acción de guerra.
SOLDADO 2: Yo creo que lo que nos dará es una patada por el culo.

(*Entran las Andrajosas*).

ANDRAJOSA 1: ¿Lo mataron al fin?
SOLDADO 1: Ése sí es verdad que ahora no hace el cuento.
ANDRAJOSA 2: Créete tú eso. Dicen que el Ciego de la Bahía tiene siete vidas.
SOLDADO 2: ¿Y quién te hizo a ti ese cuento en contra de Juan Tolete, vieja cochina?
ANDRAJOSA 2: Se dice por ahí...
SOLDADO 1: ¡Cuidado con ponerte a correr bolas! ¡En una de ésas te caes! ¡Por menos que eso mataron a Lola!

Andrajosa 2: ¿Y a mí, qué? ¿Quieres que te enseñe mi tarjeta de Comadre de la Bandera? Soy una abanderada, cabo sin dientes. ¡Yo estoy clara, Ruperto!
Soldado 2: (*Aparte*). ¡Clara como el agua sucia!
Andrajosa 1: (*Llorando casi*). ¡Pero qué canalla! ¡Pero qué sinvergüenza! ¡Ponerse así, de acuerdo con los enemigos de la Marsellesa! ¿Se ha visto cosa igual? ¡Y tanto que ha hecho el Generalísimo por los pobres! ¡Esto le va a partir el corazón de oreja a oreja! ¿Se ha visto tanta ingratitud? ¡Qué pena, Visitación, qué pena tan grande!
Andrajosa 2: (*Escupiendo*). ¡Tenía que ser Ciego!

(*Los Soldados salen y arrastran al Ciego fuera de escena*).

Andrajosa 1: (*Mirando a María, que está tirada por el piso*). ¿Y ésta quién es?
Andrajosa 2: ¿Pero tú no la conoces? Chica, ¿pero tú no lees las noticias sobre las Reformas del Orinoco? Es María de la Montaña, la puta de Pico Palas y el dolor de cabeza de mi General.
Andrajosa 1: ¿Y por qué no se toma una aspirina?
Andrajosa 2: ¿Pero quién ha visto que se cura el cáncer con aspirinas? ¡Esta mujer es un cáncer!
Andrajosa 1: ¿Y no se puede hacer nada?
Andrajosa 2: ¡Nada! Figúrate, el Comandante ha dado órdenes de no matarla, y ahí la tienes, vivita y coleando.
Andrajosa 1: Pero la pobre, la tienen encadenada. Seguro que no puede hacer el ejercicio más antiguo del mundo.
Andrajosa 2: ¡Créete tú eso! ¡Hasta con el Ciego de la Bahía!
Andrajosa 1: ¡Qué bárbara! ¡Qué gandinga! ¡No puedo creerlo!
Andrajosa 2: Lo que tú oyes...
Andrajosa 1: ¿Y qué dice Robespier...?
Andrajosa 2: ¡Figúrate! ¡Está que se lo lleva la guillotina! Dice que como mi General es un improvisado, que tiene la Declaración de los Derechos del Hombre prendida con alfileres, firma donde pone la pluma...
Andrajosa 1: ¿Y él, qué hace?
Andrajosa 2: ¿Robespier...? ¡Chica, él es de la vieja escuela! Para poner el salvoconducto primero pide la tarjeta de identidad.
Andrajosa 1: ¡Es que es muy macho nuestro General!
Andrajosa 2: ¿Y qué se le va a hacer? ¿Es que Robespier no sabía que aquí se seguía la cartilla de Pancho Villa, que se iba con su guacamole para que le calentara la cantina? Entre guerrilla y guerrilla Bigotes estaba listo para el rancho.

Solavaya: (*Grita fuera de escena*). ¡María, hija de mala madre, degenerada...!
Andrajosa 2: (*Suspirando*). ¡Pobre Bestia de la Soledad!
Andrajosa 1: (*Empujando a María con el pie*). ¡Muchacha! ¡Levántate! ¡Abre la escupidera! ¡Mira que ahí viene el General con el tole-tole!
María: (*Incorporándose*). ¿Es verdad que mataron al Ciego de la Bahía?
Andrajosa 2: ¿Y a ti qué te da ése? ¿No sabes que está conectado con Dinero-En-Mano, el enemigo de Nada-Tiene?
Andrajosa 1: ¿Ya no te acuerdas cuando el Abate Marchena recogió a todas las putas de la Alameda del Machupicho y las metió en chirona?
Andrajosa 2: ¡Niña, no seas cabeza loca! El General te adora y admira tu fuente del conocimiento. ¿Es que le diste agua de tempestades? ¿Es que le pusiste goticas de pica-pica con su poquito de ají-guaguao? ¡No seas así con él! (*Indicando, abriendo los brazos*). ¡Mira todo lo bueno que ha hecho por la Patria! ¡Mira a tu alrededor! (*Grotesca*). ¡Mírame a mí!
Andrajosa 1: (*Dándole con el codo a la otra*). A nosotras, querrás decir...
Solavaya: (*Gritando desde afuera*). ¡María! ¡Bicho malo! ¡Cabrona!
Andrajosa 2: Pero si tiene un pico de oro...
Andrajosa 1: Es lo que decía mi abuela, cuando a un hombre le dan agua de claraboya coge el frenillo del tragaluz y no hay quien lo saque de su motivo constante... El mal no tiene purgante que le quite el tapón a su desgracia... ¡Aunque sea teniente-coronel, general o comandante!
Solavaya: (*Violenta la voz, más cerca*). ¡María! ¡María! ¡Que te voy a matar!

(*Salen las Andrajosas. Oscurecimiento total*).

Escena IV

PÚTRIDA, SOLAVAYA, MANENGUE

(*Antes de iluminarse la escena se va escuchando un pregón*: «¡Tamalerooooooo! ¡Con picante y sin picante!». *También, lejanamente*: «Si Adelita se fuera con otro... la seguiría por tierra y por mar...» *Se mezcla con*: «Turrón de yemas para el muñeco... y de Alicante para bailar...» *Otro*: «Agua de coco...

Plátano dulce...» «Caserita no te acuestes a dormir sin comprarme un cucurucho de maní... De maní, ay de maní... ¡El manisero se vaaaaaaa!» *Cambio a*: «La seguiría por tierra y por mar... Por mar en un buque de guerra... Y por tierra en un tren militar...» *Más cerca*: «¡Tamalerooooooo!» *Luces en amarillo. Al centro, sentado, Solavaya. Entra Pútrida con una lata de tamales: pequeño fogón portátil, con carbones encendidos para mantener calientes los tamales).*

PÚTRIDA: *(Viste traje de pitonisa; es decir, como las Andrajosas pero con algún toque helénico que la distinga).* ¡Polvitos de adivinar! ¡Con picante y sin picante! ¿Me compra uño, mi General?

SOLAVAYA: ¡Vieja pelleja! ¿Quién te ha dejado subir hasta las cumbres de Machupicho?

PÚTRIDA: ¡Ay, mi Teniente-Coronel, no me pegue usted que la estoy pasando sin paraguas contra la lluvia y sin piloto que me quite el resfriado! ¡Que por poco me ahogo pasando por el Lago Titicaca!

SOLAVAYA: *(Llamando).* ¡Manengue, Manengue!

MANENGUE: *(Sale de las sombras. Se para y se cuadra ante Solavaya).* ¡A sus órdenes, mi Coronel!

SOLAVAYA: ¿Quién ha dejado entrar a esta vieja?

MANENGUE: Es una vieja tamalera, mi General. Por eso tiene salvoconducto. Además, ha mandado a muchos a la tierra de Vete-Y-Nunca-Volverás. De ahí que tenga la medalla de mérito en el culo.

PÚTRIDA: *(Se vuelve y se la enseña).* Linda cosa ésa, ¿no le parece, mi General?

SOLAVAYA: *(Tranquilizado).* Vamos, que con esa identificación ya es otra cosa. ¡Que desembuche!

MANENGUE: *(Dándole una patada a Pútrida).* ¡Desembucha, vieja Pútrida! ¿No oyes que lo manda el Generalísimo?

SOLAVAYA: Habla, buena mujer, que aquí no se le hace caso a nadie.

MANENGUE: *(Por lo bajo, rectificando, a Solavaya).* Daño a nadie, mi Coronel.

SOLAVAYA: *(Maquinalmente).* Daño a nadie, mi Coronel. La Junta Soberana es generosa, criatura. Aquí la cosa no pasa de la guillotina.

PÚTRIDA: Es lo que yo vengo diciendo y nadie me oye el canto.

SOLAVAYA: ¿Acaso no eres de las que ilumina lo que está oscuro?

Pútrida: Con el filo del puñal que entierro, mi Jefecito.
Solavaya: Habla, que tu boca debe ser santa.
Pútrida: Yo soy de lo mejorcito, mi Teniente, a pesar de que apesto un poco.
Solavaya: ¿Y eso qué tiene que ver? ¿Alguien te ha criticado la peste?
Pútrida: Me da pena, porque tengo mal aliento.
Solavaya: Habla, que para apestar estamos todos. Si alguien se tapó las narices habrá hecho traición y lo mando a tostar a fuego lento.
Pútrida: Una señora de copete del reparto Mírame-Y-No-Me-Toques, donde me guardaban las sobras, decía que yo tenía peste a furrumalla podrida.
Solavaya: ¿Y cómo se llama la jeta ésa?
Pútrida: Diorama de la Luz de Capital en Oro.
Solavaya: ¡Manengue, toma nota y prepara la bala en el directo!
Pútrida: ¿Y podría meterle mano a todo lo que deje?
Solavaya: Eso ya es otra cosa, porque no cae en mi jurisprudencia...
Pútrida: ¡Ay, pero que legalista te has vuelto!
Solavaya: Arréglatelas con Dantón, que es el que controla el reparto de la comuna...
Pútrida: Pero es que a mí me gusta ese palacete que está al otro lado de Versalles.
Solavaya: Hoy por hoy están todas las plazas llenas. Hay más demanda de la cuenta y menos palacios de los que construyó la monarquía. Pero tan pronto tengas un puesto en el escalafón irás subiendo. Lo mismo que antes con las oposiciones de maestros. Además, no hay que olvidar que la Guillotina ayuda mucho en el asunto del desempleo. Un muerto es un integrado más y un desempleado menos.
Pútrida: Siempre lo leía en las cartas de la baraja: cuando la bomba de Apaga-Y-Vámonos, en que pusieron del otro lado a trescientos, un equivalente tuvo que comer. ¡Qué carnicería! ¡Qué manera de atracarse!
Manengue: No te embulles con el escalafón, vieja pelleja, que tienes el noventa mil que termina en tragedia.
Pútrida: ¡Ay, mi General, que yo estoy muy vieja y tengo los años contados para la defensa!
Manengue: Así dijo Ofelia y delató a cuarenta.
Pútrida: (*Sorprendida*). ¡Pero si a Ofelia se la llevaron muerta!
Solavaya: La muy imbécil no sabía contar. No sabía que ella era el número treinta y nueve.
Manengue: (*Riéndose*). ¡Hizo como Chacumbele!
Pútrida: Hablando de Chacumbele. (*A Solavaya*). Figúrese usía que

Robespier me quiere intervenir la latería. ¿No podría hacer algo para quitarle esa idea de la masa de donde surge la teoría? Porque sin las sobras de la Viuda de Capital de Oro (que anda ya de puerta en puerta y casi de tamalera) y sin la empresa privada del tamalito caliente, no sé qué será de mí, mi Capitán de Corbeta. Y no es que le tenga tirria a Robespier, que yo sé que lo hace por la Declaración de Principios, que es el texto de la Marsellesa, ¿pero de qué voy a vivir, Excelencia?

SOLAVAYA: ¿Así que vienes a darle vueltas a lo que no se debe en mis propias narices? ¿Es que no sabes la letra de la Nacional del Pueblo?

PÚTRIDA: ¡Qué va, mi General! ¡Que yo no me pierdo una lección de catecismo! ¡Que yo me sé todas las letanías! ¡Que yo delaté a mi abuela! ¡Que yo lo quiero con el polvo que lo cubre! ¡Que yo era comadrona y lo traje al mundo!

SOLAVAYA: ¡Tú eres una embustera! Algo te sabrá Robespier cuando quiere quitarte la lata esa.

PÚTRIDA: ¡Que es el pan de mis hijos, Padre de los Descamisados!

SOLAVAYA: (*Violento*). ¡Pero el tamal de la Patria lo envuelvo yo primero!

PÚTRIDA: (*Huye a un rincón, como si fuera a evitar un golpe. Aparte, sin que él la oiga*). No en balde sale tan mal envuelto.

MANENGUE: No la mate, mi Generalón, que es un cáncer del pueblo.

SOLAVAYA· (*Calmándose*). No la voy a matar, porque si la mato me cubro de lo que más huele. (*Compungido*). ¡Cómo me pasó cuando le metí mano a tu hermano!

MANENGUE: No se ponga así, Cabo de la Guardia, que una equivocación la tiene cualquiera y mi hermano era sordo.

SOLAVAYA: Eres mi mano izquierda, Manengue, pero tu hermano era la derecha. Si no lo hubiera mandado a matar hoy no sería manco.

MANENGUE: Fue un pronto, mi General.

SOLAVAYA: En un estado de sitio siempre pasan cosas como ésas.

MANENGUE: ¡Qué se le va a hacer!

PÚTRIDA: (*Obsequiosa, que se va acercando otra vez*). Soplos del oficio. Consecuencias del huracán. Vientos de la situación.

SOLAVAYA: ¡Es mi destino histórico, Cabrón!

PÚTRIDA: ¡Es su cabrón destino histórico, mi Emperatore!

MANENGUE: ¡La historia lo limpiará de culpa, Padre de la Geografía!

PÚTRIDA: Pero que no lo manche de otra cosa, mi Pancho Villa.

MANENGUE: Gajes del oficio. Una goma se el pincha a cualquiera.

SOLAVAYA: Era tu hermano, pero no hay que tomarlo demasiado a pecho. Dile a tu vieja que fue sin querer y que contigo tendré más cuidado y contaré hasta tres.

MANENGUE: Gracias, mi Capitán.
PÚTRIDA: (*Como si vendiera tamales*). ¿Con picante o sin picante?
SOLAVAYA: Ese olor a rancio despierta el apetito. ¿Quieres uno, Manengue?
MANENGUE: (*Mirando con desconfianza a Pútrida*). No me arriesgo.
PÚTRIDA: (*Acercándole la lata a Solavaya*). Déjelo a la suerte, Lindoro. (*Apuntando con el dedo en el aire en dirección al público para ir a terminar en la lata de tamales*). ¡Tin marín de dos pingué cúcara mácara títera fue! (*Sacando de la lata un paquetico tinto en sangre*). ¡Ay, pero qué golpe de ojos tiene usted! ¡Eso debe ser por las prácticas del tiro al blanco! ¡Pero mire como apuntó al paquetico punzó! Y todo porque tiene color a sangre derramada. ¡Es lo que digo yo, mi polvillo de adivinar no falla!
SOLAVAYA: (*Sorprendido*). Pero yo creía que tú eras tamalera...
PÚTRIDA: ¿Tamalera? ¡Ay, Dios, pero qué equivocada vive cierta gente! ¡Si lo que yo soy es pitonisa! ¿Es que no me ves la túnica griega y mi calzado marca Coturno? ¡Qué manera de mirar al bosque! Lo que pasa es que vengo con el toque de La Nacional. La comparsita local, ¿tú sabes? Ésa que tocan con acompañamiento de leyenda. Verás que lo que digo sale, porque tengo el secreto del chino en las cartas de la baraja y trasmito la adivinanza de lo que tiene el perro en la panza. (*Acercándole un tamal a las narices*). ¡Huela, mi General, que esta adivinanza sí pega!
MANENGUE: (*Alarmado*). ¡Tenga cuidado, mi General, que puede ser un tamal envenenado!
SOLAVAYA: ¡Qué tamal ni qué ocho cuartos! Pero si tiene el color de la Patria, ¡imbécil!
MANENGUE: Pero mi General, que ha de ser harina de maíz abonada con estricnina. Ésa que produce muerte fulminante.
SOLAVAYA: (*A Pútrida*). ¿Con qué se come esto? ¿Con cuchara, con tenedor o con pollo frito?
PÚTRIDA: (*Empalagosa*). Es una cosa que inventaron los griegos. ¡Polvitos de adivinar!
SOLAVAYA: A mí me parece que esto viene de África.
PÚTRIDA: Tiene su injerto. Sin contar con la cantidad de potencia. ¡Se huele y se adivina entonces! (*Como si mirara el futuro en una bola de cristal*). Si me parece estarlo viendo... Es un globo terráqueo con espacio y tiempo... Veo una sombra gigante, con unas alas de avión de propulsión a chorro que todo lo cubre... Va...
SOLAVAYA: ¿A dónde va...?
PÚTRIDA: Viene...
SOLAVAYA: ¿De dónde viene...?

PÚTRIDA: Es...
SOLAVAYA: ¿Quién...?
PÚTRIDA: Ay, mi Generalote, que esto parece una película de misterio... No se ponga tan afanoso, que le tiemblan los dientes... ¡Huela! ¡Polvitos de adivinar donde está el secreto de los tiempos!
SOLAVAYA: (*Reaccionando*). ¿Y tú todavía andas creyendo en esto? ¿Es que tú crees en el poder de la piedra y la verdad de los caracoles? ¿A ti no te han obligado a repetir el catecismo del lado de donde yo vengo? ¿De dónde sales tú, vieja sin dientes?
PÚTRIDA: (*Sin contestar, mira la bola imaginaria*). Si me parece estarlo viendo...
SOLAVAYA: Manengue, vigila mejor, que esta vieja se ha colado. Yo creo que se metió por el cañón del Cuzco. No en balde Robespier...
PÚTRIDA: (*Igual*). Va... Viene...
MANENGUE: No lo creo. Le aseguro que ha mandado buena carne al matadero...
PÚTRIDA: (*Enfática*) Es...
SOLAVAYA: (*Atraído, pero violento*). ¿Quién? ¿Quién es?
PÚTRIDA: Pero no monte en cólera, Generalísimo, que se puede desembocar y romperme el globo del tiro. (*Le vuelve a acercar un tamal mal envuelto*). ¡Huela! ¡Polvitos de adivinar donde está el secreto de los tiempos! ¡Adivine, mi Comandante!
SOLAVAYA: (*Tomando un tamal*). Está bien. En seguida lo abro. (*Solavaya abre el tamal, que puede ser un paquete pequeño de cualquier tipo. Después lo tira violentamente*). ¡Mierda de gato! ¡Mierda de gato!
PÚTRIDA: (*Carcajeándose de lo lindo*). ¡Se lo dije, mi General! ¡Adivinó, mi Coronel! ¡Nunca falla, mi Comandante!
SOLAVAYA: (*Furioso*). ¡Manengue, llévate a esta vieja! Es una rata enemiga de la Victoria del Olivo... Poco más y hubiera estirado la pata...
PÚTRIDA: (*Grotescamente mimosa*). Pero no se ponga así, mi General. Que yo soy surrealista y me pusieron en la lista. (*Con un grotesco de coquetería*). Yo tengo una cabellera seductora porque me la peino con Glostora.
SOLAVAYA: ¡Pégale tres tiros, Manengue!
PÚTRIDA: (*El mismo juego*). ¡Pero mírame, chinito, que yo soy la rebelión de las masas con su ración de pellejo!
SOLAVAYA: ¡Sáquenla de aquí, sáquenla de aquí!
PÚTRIDA: (*Mientras Manengue forcejea con ella*). No te pongas así, culito de rana, que si no sana hoy sanará ¡mañanaaaaaaaaaaaa!
SOLAVAYA: ¡Que le metan un tiro de gracia en la Cárcel del Mudo!

(*Manengue arrastra a Pútrida fuera de escena. Pútrida grita, patalea y ríe a carcajadas mientras se la llevan.*)

Escena V

SOLAVAYA

(*Iluminación gradual en rojo. Solavaya queda vivamente impresionado y se inclina, tratando de leer las señales de los tiempos en la mierda de gato esparcida por el escenario*).

SOLAVAYA: ¿Será verdad lo que dijo? ¿Tendrá poderes esa vieja para la adivinanza? ¿Acaso mi destino está escrito en la corrupción del gato? ¿Qué misterio puede encerrar el intestino del animal? ¿Acaso estoy dominado por las fuerzas de su mecánica? ¿Acaso no es el crimen el medio más seguro de asegurar la vida? Y si mato, ¿por qué tengo que preocuparme del muerto que no me puede matar? ¿Es que la muerte no está asegurada contra sí misma? ¿No soy yo el que corta el bacalao? ¿No soy yo el que castro a los puercos? ¿Quién tiene en este pueblo el poder de la tijera? ¿No es acaso el que corta el que sabe hacia donde dirige el filo del cuchillo? Y si corto, ¿por qué voy a temer ser cortado? ¿No es la castración de los otros la seguridad de mis testículos? ¿Es que Changó se cree con poderes en contra mía? ¿Es que San Judas podrá en realidad contra el imposible? ¿Acaso me va a negar San Pedro las llaves que le he quitado? ¿Acaso el temor no es cosa de maricas? Y si no soy marica, ¿no quiere esto decir claramente que soy hombre? Y si soy hombre y corto, ¿no quiere esto decir que soy caballo? Y si soy caballo, ¿no es evidente que soy el que se acuesta con la yegua? Entonces, ¿no prueba esto que la mierda del gato no puede traerme los peligros de la muerte? (*Descarga de ametralladoras*). ¿No es cada descarga una reafirmación de mí mismo? (*Pausa*). ¿Reafirmación de mí mismo? (*Pausa*). ¿Es mi imagen en el espejo una reafirmación de mí mismo? ¿Mato luego existo? ¿Peligro si me duplico o aumenta mi seguridad? ¿Soy único o soy múltiple? ¿Debo ser la excepción o debo ser la regla? ¿Es que creando me descreo? ¿Es ése el problema? ¿Debo eliminar mi sombra para que no se levante en contra de su amo? ¿Es que, porque he sembrado llanto no me queda otro remedio que recoger tempestades? ¿Es que no puedo recoger los frutos porque me dedico a la agricultura de la sangre? ¿Siembro historia o siembro olvido? ¿Es que la destrucción del Paraíso imposibilita la posibilidad de la manzana? ¿Es el dolor el principio creador de mi dicha? ¿Soy la destrucción de los opuestos? ¿Soy la anulación de mi afirmación? (*Nuevas descargas*). ¿Soy un absoluto negativo? (*Descargas*). ¿Soy la negación del Verbo? (*Descargas*). ¿Soy la imposibilidad? (*Descargas*). ¿O es ella la imposibilidad? (*Descargas*). ¿Es que no puedo alcanzarla aunque la tenga, tenerla aunque la posea, poseerla aunque me goce en ella? (*Descargas*). ¿Soy la expresión concentrada de la muerte? (*Descargas*).

(*Oscurecimiento*).

Escena VI

SOLAVAYA, MANENGUE

(*Luces neutras*).

MANENGUE: (*Entrando y cuadrándose*). ¡Órdenes cumplidas, mi General!
SOLAVAYA: ¿Cuántos muertos llevamos hoy?
MANENGUE: Treinta y tres, mi Coronel.
SOLAVAYA: ¡Alguien me hace traición! No me vengas con la edad de Cristo, ¡degenerado!
MANENGUE: Cuestión de números, mi Teniente.
SOLAVAYA: ¿Y qué dijo la vieja antes de estirar la pata?
MANENGUE: Que en la mierda de gato había gotas de sangre.

(*Oscurecimiento total*).

SEGUNDO ACTO

Escena I

(*Cono de luz. María la Anunciación, en blanco, aparece arrodillada en un reclinatorio. Entra la Madre Superiora, con hábito monjil tradicional. Lleva un libro en la mano. Pausa. Contempla a María que, finalmente, se vuelve*).

María: ¡Ay, Madre, perdone usted! No la había sentido llegar.
Madre: Da gusto verte, Niña. Tu inocencia petrifica a cualquiera. Por un momento estuve a punto de retirarme.
María: ¿Me habría abandonado?
Madre: No, pero no irás a negarme que hay trabajitos que se las traen. Hoy en día la confusión es tremenda, pero hay que seguir tirando.
María: No entiendo, Madre.
Madre: Ni falta que hace. Se supone. No esperaba menos de ti. No te preocupes, que tú estás por encima de las cuestiones teológicas.
María: ¿Qué quiere decir?
Madre: Que han ordenado que nos vistamos de corto.
María: ¿De veras?
Madre: ¡Lo que tú oyes! ¡Quién me iba a decir que yo iba a vivir para ver tal cosa! Pero ya el Papa lo dijo en la nueva encíclica: «lo que se coman los gusanos que lo gocen los humanos».
María: (*Sin entender*). ¿Cómo?
Madre: ¡Es lo que digo yo! ¡Y en estos tiempos! No en balde te han echado el ojo.
María: ¿Qué significa eso?
Madre: Es una cita del Nuevo Testamento.
María: ¡Sabe usted tanto!

MADRE: Soy vieja, y como dicen los protestantes, más sabe el diablo por viejo que por diablo.
MARÍA: ¿Y es cierto eso?
MADRE: (*Aparte*). ¡Qué estúpida es! ¡No sé qué le ha visto el canalla ése! ¡Qué obsesión! ¡Qué monomanía con el dulce! ¡Con tan buenas hembras que andan tiradas por ahí! (*Melosa, a María*). Es que tengo entre manos una misión delicadísima, una cosita que decirte.
MARÍA: Entonces...
MADRE: Una cosita, que como un rayo de luz, busca el camino de tu oreja...
MARÍA: (*Ríe*). Eso me parece gracioso.
MADRE: ¡Vaya modo de decir! Pero presta atención, porque si te entra por una oreja y te sale por la otra, no vale... Sería verbo infecundo...
MARÍA: Soy toda oídos...
MADRE: (*Aparte*). Me alegro, para ver si se le abren las entendederas. (*A María*). Esa expresión vale un tesoro.
MARÍA: Gracias.
MADRE: (*Le extiende un libro*). Por eso te voy a dar un regalito.
MARÍA: (*Retrocediendo, sin tomarlo*). ¿Un libro?
MADRE: Santo. Es el libro de la vida. Es una apertura al misterio.
MARÍA: ¡No puedo!
MADRE: ¿Dudas de mí?
MARÍA: ¡Desfallezco...!
MADRE: No me vendrás con aquello de a palabras necias oídos sordos.
MARÍA: ¡No, de ninguna manera...!
MADRE: Porque con esas ideas de chorlito en la cabeza no hubiéramos ido ni de aquí a la esquina...
MARÍA: Sólo quise decir...
MADRE: No has querido decir nada. Tómalo, tiene aprobación eclesiástica.
MARÍA: (*Sin tomarlo todavía*). ¿Y eso qué significa...?
MADRE: Que el mundo da muchas vueltas.
MARÍA: No debo leer.
MADRE: Pero podrás ver las ilustraciones.
MARÍA: No debo verlas.
MADRE: (*Transición*). ¿Quién te ha metido esas ideas en la cabeza?
MARÍA: Nadie.
MADRE: ¿Ha estado por aquí Pepe el Monaguillo?
MARÍA: No.
MADRE: ¿El Padre Calvo?
MARÍA: Tampoco.

MADRE: ¿Estás segura? Porque él siempre hace el cuento del lobo y se hace pasar por la abuela. ¡Con tal que no te haya despertado con el cuento!
MARÍA: (*Alejándose*). No entiendo. (*Pausa*). ¿Puedo retirarme?
MADRE: ¿Estás loca? Pero si no has visto nada todavía. No sabes ni de la misa a la media.
MARÍA: No quiero ver nada.
MADRE: Un par de figuritas no te van a hacer daño. Es como una guía de viaje, y hay lugares, en especial, donde se recomienda que se detenga el viajero. Las zonas de interés turístico, naturalmente.
MARÍA: Yo no quiero viajar. Yo no quiero ir a ninguna parte.
MADRE: ¿Quién te ha metido tal ignorancia en la cabeza? ¿No sabes que viajar es la fuente del conocimiento? ¿No tienes curiosidad? Porque hay lugares, chica, que a una le gustan mucho... (*La retiene*).
MARÍA: (*Que quiere deshacerse*). ¡Déjeme!
MADRE: ¡Imposible! Tengo órdenes estrictas. Tienes que ser tú, precisamente. Nada de la chica de la casa de al lado. No sabes lo difícil que es encontrar hoy día una criatura inocente. Es como buscar una aguja en un pajar. No sabes lo dañada que me llega la mercancía, con este adelanto que hay ahora en las comunicaciones y lo que las americanas inventan. A ti es a quien se le hace llegar el mensajito.
MARÍA: ¿El mensajito?
MADRE: El verbo, que es lo mismo.
MARÍA: No entiendo.
MADRE: (*Fuera de quicio*). ¿Y quién te ha metido a ti en la cabeza que tienes que entender algo, cabeza de mosquito? ¿No sabes que la desobediencia es pecado?
MARÍA: Sí.
MADRE: Entonces lo único que tienes que hacer es obedecerme.
MARÍA: ¿Ciegamente?
MADRE: Ciegamente, claro. Por algo soy la Madre Superiora. ¿No es garantía suficiente?
MARÍA: (*Acercándose*). Tengo miedo, Madre.
MADRE: (*Abrazándola hipócritamente*). ¡Tontuela! ¿Es que alguien ha querido abrirte los ojos?
MARÍA: Sí.
MADRE: (*Alarmada*). ¡Cómo!
MARÍA: Cuando los he cerrado.
MADRE: Explícate. ¿Qué has visto?
MARÍA: (*Separándose*). Siete puñales en un corazón que sangraba.
MADRE: ¡Qué horror! ¡Qué barbarie! ¡Qué crimen con una criatura tan inocente! A ti lo que te hace falta es un entrenamiento ca-

listénico de las mil y una noche. (*Señalando a lo alto*). ¡Mira a esa pobre mujer! Sufrir tanto, ¿para qué? ¿Qué ganó con ello? ¿Es que no has aprendido todavía? ¿No fue víctima de las circunstancias? ¿Y quién se llevó los galones? Porque lo que es ella, no fue más que el recurso de la necesidad.

MARÍA: ¿Quién? ¿De qué habla?

MADRE: ¿Quién va a ser, chiquilla? ¿Es que tú no estudias el catecismo? ¡Pobre muchacha! Claro, como no entendía mejor que tú.

MARÍA: ¿A quién se refiere?

MADRE: ¡A la Madre de Todos!

MARÍA: ¿Y eso qué tiene que ver?

MADRE: Que como los hombres se llevan la mejor parte, ya es hora que uno se lleve la suya. No es que uno vaya a cambiar la marcha de los tiempos, porque todavía nos tienen la cama preparada. Y sin embargo... en lo que está a nuestro alcance... se podría hacer algo... Para salir mejor parada del entuerto...

MARÍA: Pero... si de todas formas... esos siete puñales...

MADRE: (*Dejándola por incorregible, aparte*). No en balde la inocencia es la madre de la estupidez. Pero que no se diga que yo no he tratado. Ahora bien, como a mí me dieron los treinta dinares, haré mi trabajo para la comuna. (*A María*). Nada. Obedece y calla. ¡Ciegamente, ¿me entiendes?, así me tienes que creer! ¡Tonterías! Se aprovechan de tu inocencia para asustarte. ¿Y dónde se han visto tales cosas? ¿Quién sería capaz? Demasiados ayunos y abstinencias. Es bueno tener fe, pero no hay que tomar las cosas tan a pecho. Tratan de asustarte con los calvarios de la tradición. ¿Quién podría atreverse a enterrar puñales a un corazoncito tan inocente como el tuyo? (*Abrazándola*). Vamos, quítate esos espantajos de la cabeza. No hagas caso, te digo. Nunca cierres los ojos para ver lo que no debes. Nada de corazones ensangrentados y calvarios fuera de época. Desentonan. Obedece y calla. A las imágenes esas hay que aprender a darles un manotazo. (*Acrecentando la intimidad*). María, se te prepara el terreno para mejores cultivos. La iglesia marcha a la altura de los tiempos. ¡Ya verás la cama que te hacen! ¡Qué arados! ¡Qué tractores! ¡Qué abono tan orgánico!

MARÍA: Yo no quiero sufrir, Madre.

MADRE: Eso me parece muy bien pensado. Así se habla: nada de puñalitos ensangrentados. Confía en mí y te llevaré de la mano hasta la altitud del goce. Cierra como si fuera un pozo negro: una noche oscura de la luz. (*Firme*). Vamos, cierra los ojos.

MARÍA: Tengo miedo.

MADRE: (*Firme*). Haz lo que te mando. ¡Obedece!

MARÍA: (*Ahogadamente, cerrando los ojos*). Obedezco... (*Cae de rodillas*).

MADRE: ¿Ves?
MARÍA: Negro.
MADRE: Rojo.
MARÍA: (*Se contorsiona*). Rojo... y negro...
MADRE: ¡Rojo y negro! ¡Luto y goce! ¡Al fin! ¡Estás dentro de ti!
MARÍA: (*Se contorsiona como en éxtasis, pero se niega*). ¡Noooooo...!
MADRE: (*Le toma las manos y hace que acaricie la cubierta del libro*). ¿Lo sientes?
MARÍA: Sí.
MADRE: No tengas miedo... Déjate llevar por la pluma y por la escama... ¿Lo sientes?
MARÍA: ¿Qué es... Madre?
MADRE: La última edición. Lo más avanzado. Lo más nuevo. El testamento mismo de todas las tentaciones. (*María toma el libro*). No hay nada que le ponga un pie por delante.

>(*A partir de este momento el libro empieza a ejercer una especial atracción sobre María, que mientras la Madre Superiora habla experimenta el goce y tormento de las tentaciones. El movimiento del cuerpo será flexible y distorsionado a la vez, expresión libre, casi danzaría, del tormento y del goce. María permanecerá con los ojos cerrados, en creciente éxtasis*).

MARÍA: ¿Qué libro es?
MADRE: El Libro de las Especies, que tiene todo el contenido de la materia. Es el libro de la creación del cuerpo. No hay dos ejemplares iguales en el mundo. Éste es el del uno y el tres, pero no el antiguo sino el moderno. Nada de Antiguo ni Nuevo Testamento. Ultramoderno. Lo que se llama el último grito del clero. Todo especialmente preparado para ti, con su azúcar y su condimento, porque tú, María, eres de las pocas que quedan. Recuerda, hija, que hasta las grandes torres se derrumban para pasar a la historia. Y tú eres una de ellas. ¡Con ese cuerpo eres lo que los hombres llaman un monumento! ¡Ay, María, qué suerte tienes!
MARÍA: Es suave.
MADRE: ¿Te gusta? Si lo tocas con las yemas de los dedos comprenderás las delicias de las superficies. Es pluma de ave, María. Las especies más refinadas con los colores más vistosos. Se acabaron los tiempos en que bastaba con el blanco de la paloma. Porque hay de todo. En él encontrarás las cosas más increí-

bles. Te abrirán los ojos aunque los tengas cerrados. No escaparás. Es la corrupción en la gloria.
MARÍA: (*Movimiento de rechazo*). ¿La corrupción?
MADRE: (*Rápida*). La gloria, quiero decir... (*Movimiento de atracción en María*). La gloria del tacto... No tengas miedo. Déjate llevar. Hay conocimientos insospechados. Bésalo. Es un libro sagrado que todo lo contiene. Si se te acerca deja que te toque con el pico. Bésalo, tonta, no tengas miedo, que no muerde... ¿Lo sientes?
MARÍA: Este lado es áspero.
MADRE: Son las escamas. Que también hay delicia en la escama de la serpiente. Segrega un aceite especial. ¿Es que no conoces el significado del aceite? El aceite tiene un significado sagrado, muchacha. Debiste estudiar la lección de teología... Sagrado y gozoso a la vez... ¿No te das cuenta? Es pluma de serpentario, el ave devoradora de serpientes. Que es como decir: escama del árbol, delicia de la prohibición. (*Pausa. Firme*). Ábrelo.
MARÍA: (*Abriendo el libro que hasta el momento había permanecido cerrado, pero sin abrir los ojos*). Lo escucho pero no quiero. Habla pero no debo... Es un pico de oro que me taladra con su veneno.
MADRE: Ábrele la oreja. Óyelo todo. Y estate quieta para que se te quede dentro.
MARÍA: Es un pájaro extraño que tiene silbido de serpiente.
MADRE: Tiene buen pico. Se va de pico, muchacha, pero déjalo ir. Es jarabe de pico. ¿Has escuchado alguna vez palabras como ésas?
MARÍA: (*En agonía y éxtasis sin posibilidad de escapar, los ojos cerrados*). ¡Nunca, nunca, nunca!
MADRE: Nada puedes ya. (*Inicia movimientos eróticos que contrastan con los de María*). ¡Ay, quién pudiera escucharlo! Pensar que toda esa labia es para ti sola. ¡Ay qué belleza de verbo! ¡Ay qué musiquita de bolero! No lo oigo, pero me lo puedo imaginar. ¡Cuánta devoción en la letanía! Ese pico de oro debe producir las delicias del vocablo. (*A María*). ¿Entiendes?
MARÍA: (*En agonía, pero sin posibilidad de escapar, como si una violación tuviera lugar y ella no pudiera evitarlo*). ¡Nunca, nunca, nunca!
MADRE: ¿Y qué importa entender? ¿Pero no es sabido? ¿No es anticipo de las grandes cosas? ¿No es la telepatía del futuro? La corrupción, naturalmente, ahora se mastica con la gloria. ¿Y quién ha visto gozar sin temor a las consecuencias? Porque, aunque me diga que no, no podrá negar que es un papelito de importancia. ¿Es que no está sobrentendido? ¡Pico es cúspide de montaña!

MARÍA: (*Igual*). ¡Nunca, nunca, nunca!
MADRE: (*Frenética*). ¿Decencia o inmoralidad? ¡Sigue, adelanta, avanza! ¿Perdición o encuentro? ¡Camina, corre, salta! ¿Verdad o mentira? ¡Escucha, oye, canta! ¿El uno o el tres? ¿Unidad o trilogía? ¿Unitaria o trinitaria? ¿Trinitaria y unitaria?
MARÍA: (*Espantada, abre los ojos, arroja el libro*). ¡Nunca! ¡Jamás!
MADRE: ¡Sigue, adelanta, avanza! ¡Camina, corre, salta! ¡Escucha, oye, canta!
MARÍA: (*Derrotada*). Nunca... Jamás...
MADRE: (*Triunfante*). ¡Siempre!

(*Oscurecimiento*).

Escena II

MADRE SUPERIORA; DESPUÉS, SOLAVAYA

(*La Madre Superiora, extenuada por la faena anterior, se desploma en un asiento, se quita la toca y la tira por el piso*).

MADRE: ¡Santo Dios! ¡Qué trabajito éste! Y después dirá Robespier que no cumplo con las consignas de la Bastilla. ¡Esto se las trae! ¡Y con el calor que dan los ropajes estos! Total, que ya el Papa está hablando de la mini. Pero, hija, Robespier quería el atuendo clásico. ¡Ese hombre es del carajete! ¡Como siga así habrá que mandarlo a la Guillotina! (*Pausa*). La chica, a la verdad, ofreció más resistencia que San Antonio. Total, que no le quedaba más remedio que ceder, porque lo que está escrito está escrito y al que Dios se lo dio ni la Muralla China se lo quita... (*Pausa*). Eso sí, el que no se podrá quejar será el Generalísimo. ¡Tremendo banquetazo! ¡Qué labia! ¡Qué palabrotas! ¡Que pronóstico para mañana jueves! ¡Qué aletazo de tiburón que se traga su presa! Y eso que estoy en el supongando y la extrasensorial, porque dato, lo que se llama documento oficial con firma de notario, ése sí que no lo tengo.

(*Surge Solavaya de entre las sombras*).

MADRE: (*Sobresaltada*) ¡Ay, muchacho, pero qué susto me has dado! ¡Creí que era el vecino de enfrente!
SOLAVAYA: (*Avanzando*). ¿Y tú crees que se haya tragado la píldora?
MADRE: (*Poniendo el grito en el cielo*). ¡¡¡¿¿¿Cómo???!!!

SOLAVAYA: Que si la clave habrá sido entendida por el telegrafista.
MADRE: Hijo mío, ese titular va del Pravda al New York Times.
SOLAVAYA: ¿Tú crees eso?
MADRE: ¡Como si yo misma lo hubiera parido! Que casi casi, porque con el esfuerzo que tuve que hacer creía que se me salían las entrañas. La noticia sale lo mismo por la UPI que por Prensa Latina.
SOLAVAYA: La verdad, que lo que era ella, estaba bastante alicaída.
MADRE: Con tal que no lo estuvieras tú.
SOLAVAYA: De que no lo estaba ya dejaré constancia.
MADRE: Nada, que la prueba documentada es lo que vale.
SOLAVAYA: Pero era como si ella no quisiera representar su papel.
MADRE: Eso ya es pedir demasiado y no estaba en el contrato. Lo que importa es que lo represente. Lo demás hay que dejarlo a las interpretaciones.
SOLAVAYA: Tienes razón.
MADRE: Tendrás una popularidad de los mil demonios capaz de eclipsar a la paloma de la paz.
SOLAVAYA: Vieja, eres la pata del diablo.
MADRE: Y tú eres el rabo.
SOLAVAYA: Ojalá, porque yo quiero meterle mano a las actividades del potrero.
MADRE: ¿No te conformas con una distribución equitativa de la mercancía?
SOLAVAYA: Lo cortés no quita lo valiente. Yo no he nacido para esos procedimientos democráticos. Voy al todo o al nada.
MADRE: ¿No te comes lo mismo un bisté que un zapato viejo?
SOLAVAYA: Sí, pero yo funciono sin tarjeta de racionamiento.
MADRE: Comprendo. La chica esa abrió la oreja, por aquello de las consignas y porque tú no vas a ser menos, pero es de esperar que el órgano auditivo no sea el único que sirva para las relaciones internacionales...
SOLAVAYA: (*Riendo*). ¡Arreglados estaríamos!
MADRE: Claro que no podemos desechar las virtudes del símbolo.
SOLAVAYA: ¡De ninguna manera!
MADRE: No sólo de pan vive el hombre.
SOLAVAYA: Sino de carne.
MADRE: Quieres estar en misa y repicando... Pero en este caso habrá que ponerse en contacto con Ruperta, para completar el cuadro. Ella es la que controla las llaves del matadero.
SOLAVAYA: ¡Buen San Pedro nos hemos buscado!
MADRE: Yo soy la teoría y ella la práctica. Robespier me ha puesto a mí para la propaganda de altura.
SOLAVAYA: Entonces, ¿qué debo hacer mientras el palo va y viene?

MADRE: Mira, según Ruperta, hay una reencarnación de carne y hueso. Es igual y la misma. En esto no hay contradicciones en los textos. Es una chica, opulenta ella, que será carne de pecado y flor de fango. Síguela como una sombra y verás como la ley de gravedad cumple con los instintos de la física. Ruperta, que es buena y del comercio, le asegura porvenir occidental en el Barrio Chino.
SOLAVAYA: ¿Y cómo se llama la jeta ésa?
MADRE: María la Magdalena, mi comandante.

(Oscurecimiento).

ESCENA III

MARÍA LA MAGDALENA, RUPERTA

(Cono de luz. María la Magdalena, vestida de rojo, aparece sentada. Ruperta, en una especie de hábito gris, trajina, haciendo o aparentando hacer quehaceres domésticos).

RUPERTA: No le hagas caso. Es que quiere alarmarte.
MARÍA: Entonces... ¿tú crees... que todo es inventado...?
RUPERTA: Propaganda del imperialismo yanqui, que ve comunistas por todas partes.
MARÍA: Pero... Hay tantas versiones contradictorias...
RUPERTA: ¿Y qué otra cosa puede ser? Déjate de premoniciones. La Conga tiene de adivina lo que el frutero de la esquina.
MARÍA: ¡Ay, el frutero! ¡Tiene una mano para abollar la fruta!
RUPERTA: Ése es de los que la deja podrida de tanto manosearla. Cuídate, porque va a lo suyo y no tiene ojo para leer las señales de los tiempos.
MARÍA: ¡Ni que fuera tuerto!
RUPERTA: Pero yo no soy ciega, María, y te puedo decir el papel que te conviene.
MARÍA: La Conga dice...
RUPERTA: Lo que le pasa a la Conga es que me tiene envidia, porque soy más joven y bonita que ella. El poder que yo tengo la negra ésa no lo deshace ni con cocimiento de milamores.
MARÍA: ¿Me lo pusiste en la tacita de café?
RUPERTA: Razona. ¿Por qué voy a hacerte daño?
MARÍA: Todo el mundo me dice: dime con quién andas y te diré quién eres. Y cuando digo que ando contigo me gritan hija de la grandísima pe.

RUPERTA: ¡Qué gente tan chusma! Mira, María, soy yo la que te digo que no andes con gentuza tan cochina y malhablada. ¿Acaso no eres una chica con opulencias regionales? Natura manda, candonga. Hija, en este país no se cultiva la nectarina.
MARÍA: Ay, Ruperta, cuando te pones a hablar en clave no hay quien te entienda. Déjate de telegrafía sin hilo y ponme una carta en lengua romance.
RUPERTA: ¿Es que tú no has estudiado geopolítica, María? Cualquier escriba de mala muerte opina como yo. No hay profeta que me contradiga. Ese trago amargo nadie te lo quita de encima.
MARÍA: Pero yo creía que era un vinito dulce.
RUPERTA: Era un decir metafórico. En otras palabras, el que no toma batido de plátano lo toma de frutabomba.
MARÍA: No me digas eso, Ruperta, que me ruborizo.
RUPERTA: A cada cosa el nombre que le toque.
MARÍA: Mamá afirma...
RUPERTA: Tu madre tiene guayabitos en la azotea. Hazme caso a mí, que sé lo que te digo. (*Se sienta*). Mira, María, yo no soy Ruperta la Miope ni la Cegata de Bastonblanco. Acuérdate que a mí me llaman Ruperta Vistobueno. Yo conozco tu árbol genealógico y no hay cosa ultramarina que escape a mi experiencia histórica. Y eso que no fui a la universidad, sino a la de la vida. Yo hija, de teología no sé mucho, porque no soy Madre Superiora. Pero te puedo contar todo lo que ha pasado por la pupila del ojo nacional.
MARÍA: Si te acabaras de explicar.
RUPERTA: Que ahora te toca a ti ponerte para tu número. Tu abuela...
MARÍA: ¿Abuelita?
RUPERTA: No era ninguna santa, ¿tú sabes? Pero es que le dieron tremendo embarque. Y no te digo esto para sacar los trapos sucios a relucir. Ella no tuvo la culpa, porque la casaron con aquel maestrico de escuela que ni pedagogía sabía y se creía que la didáctica estaba en las tacitas de café. Como si no fuera necesaria la disciplina. Total, que acabó con Salpicón en vergonzoso concubinato, allá por el año nueve...
MARÍA: Yo no creo que Abuelita hiciera cosas como ésas.
RUPERTA: Mira, María, quítate esos humos de la cabeza y hazle frente a la realidad. ¿Para qué andar con tapujos? ¿Para qué hacerse papelillos? No vas a ganar nada con la venda en los ojos. Lo que te cuento, no lo digo por malo. Son los hombres, que son unos canallas. Nada, la desgracia de ser mujer. ¿Qué iba a hacer la infeliz si estaba entre la espada y la pared? ¿Para dónde iba a tirarse? Y después de todo, Salpicón era manirroto. Le puso un chalé en Trocadero que era una monada. Pero

hija, aquel relajo era de padre y señor mío y el muy canalla quería acostarla con toda la camarilla.
MARÍA: Eso no es verdad, Ruperta. Tú estás inventando todo eso para meterme miedo.
RUPERTA: ¡Niña, que mi boca se tiña de rojo si miento!
MARÍA: Mamá nunca me ha contado cosa semejante.
RUPERTA: Porque te ha criado en el engaño, María. ¡Cómo si a ella le hubiera salido bien la cosa! ¿Es que tu madre cree que va a arreglar el mundo ocultándote como se fabrica el mono? ¿Es que tú crees que los encarguitos vienen de París? Mira, no te hagas la boba. Hija, que el médico chino nos libre de las enfermedades venéreas.
MARÍA: Abuelito era un chino que sabía lexicografía.
RUPERTA: ¿Y quién ha visto objeto semejante? ¿Con ese cuento de hadas te ha dormido tu madre? Los hombres, María, para que lo vayas sabiendo, sólo quieren aquello que la mariposa guarda en su capullo. Y te lo advierto, si se hincha revienta. (*Pausa*). Por si no lo sabes, tu abuela murió de aborto. Y lo más grande del caso, de un aborto que se dio. Pero hija, yo no lo llamaría parto.
MARÍA: Mientes...
RUPERTA: Las consecuencias de un descuido... Un hombre culto, refinado, asfaltado, amante del concreto y al mismo tiempo otro enamorado de la sangre... Porque eso es siempre lo que ha pasado aquí... Cuando se dio cuenta se lo quiso sacar de encima... Y no era para menos... Hubo junta de médicos... Pero, ¡qué inepcia, María, qué inepcia...! Tres galenos famosos y lo que hicieron fue una mierda... Yo creo que la desangraron más todavía, como si no hubiera sido suficiente lo que le había hecho la hiena... La pobre vieja se tuvo que morir, porque abortar a edad avanzada es francamente peligroso...
MARÍA: (*Débilmente, sin convicción*). Mientes... Consuelo la maestra...
RUPERTA: Aquello fue el acabóse... ¡El huracán del treinta y tres! La sangre de aquella criatura corría a mares... La ciudad era un río de sangre... Un Amazonas de la muerte... Todo lo que te diga es poco. Pero, ¿qué podía hacer tu abuela? No, yo no la culpo... Y lo grande del caso es que aquellos tres galenos hicieron el descubrimiento del barril. A la muerta la clasificaron de Virgen, Mártir y Madre... ¡Las tres cosas a la vez! ¡Lo que tú oyes! En vez de hacerle frente a la realidad prefirieron aprovecharse del cuento... (*Pausa*). Muchacha, los caminos del parto son inescrutables. Y el feto, monstruoso, tirado por el piso y bañado de sangre, se negaba a morir, como si en lugar de abortar hubiera parido... Tu madre...

MARÍA: (*Violenta, de pie, enfrentándosele*). ¡La tuya, Ruperta! ¡Si me inventas una más te parto la jeta!
RUPERTA: ¡Muchacha, que no es para tanto! La clase de historia la dejaremos para otro día. Eres una mal agradecida. Yo sólo quería alumbrarte el camino del conocimiento. Y de paso evitarte un mal parto o cualquier hemorragia que te pudiera venir...
MARÍA: Acabarás diciéndome que conoces cirugía.
RUPERTA: Si te casaron con la mentira...
MARÍA: (*Se sienta, desfallecida*). No lo puedo creer...
RUPERTA: Y te enseñaron a vivir con el engaño...
MARÍA: ¡No tengo a quien volverme, Ruperta!
RUPERTA: (*Conciliatoria*). Me tienes a mí...
MARÍA: (*Agobiada*). Tengo miedo, Ruperta. ¿Qué será de mí? Si es verdad lo que tú dices de mi abuela... Si es verdad lo que se dice de mi madre...
RUPERTA: (*Posiblemente fingiendo*). ¿De tu madre? ¿De tu santa madre? ¿De tu santísima madre? No, no lo vayas a creer. Hay mucha lengua viperina suelta por ahí.
MARÍA: Que si esto... Que si aquello... Que si uno que jugaba en los dos bandos la metió en las mismas entrañas del Barrio Chino cuando paseaba por la Rambla de las Flores, acostándola con todos los politiqueros y pandilleros de ocasión... Que si un chulito de bigotico chaplinesco le puso casa en Solimar y se dio a los placeres y a la buena vida... Que si estaba montando bicicleta y un general por poco la destarra y de la cama del hospital la pasó a la del ejército... Yo no sé, Ruperta. ¿Dónde está la verdad? ¿Dónde está la mentira? ¿Y qué debo hacer con ese material de engaño o de conocimiento? ¿Qué será de mí? Se dicen tantas cosas de mi madre que no sé ni qué pensar...
RUPERTA: Que es inocente... Que tuvo mala pata... Que nada le salió bien... Que le hicieron un número ocho...
MARÍA: Pero, aunque fuera verdad lo que dices, ¿qué puedo hacer yo?
RUPERTA: Yo puedo allanarte el camino.
MARÍA: Según la Conga... tú tienes trato con el enemigo.
RUPERTA: Según Ruperta... ella lo tiene con el mío.
MARÍA: ¿Qué quieres decir?
RUPERTA: Que yo soy la que conozco tu destino.
MARÍA: No acabo de entenderte del todo.
RUPERTA: Que si a tu árbol genealógico lo partió un rayo, no hay por qué dejar que el mismo rayo lo siga partiendo del todo.
MARÍA: Precisamente...
RUPERTA: Deja que el arado abra sus surcos. Pero hija, que la molienda no la haga el trapiche para el otro lado... Que si te van a surcar de todos modos te pongas a la altura de los tiempos.

María: Pero la Conga...
Ruperta: Con ésa habrá que tener una guerra a muerte. Es más intransigente que el cura de la esquina. Nada, que se niega a aceptar lo que tiene que venir y que tendrá que irse. O habrá que enterrarla viva. Déjate guiar por mí. Y si ves un charco de sangre, cruza por el otro lado.
María: Entonces... será lo mismo...
Ruperta: Tienes que hacerle frente a la realidad.
María: ¿Tiene mi destino que cumplirse?
Ruperta: Como el de todo el mundo. (*Pausa*). A propósito, ¿has notado a alguien que te haya echado el ojo? Además del frutero de la esquina, quiero decir.
María: Me parece que hay una sombra que me sigue por todas partes.
Ruperta: ¡Acabáramos!
María: La siento por detrás, pero cuando vuelvo la cabeza ya no la veo.
Ruperta: Sigue. ¿Cómo es? ¿Tiene barba o lleva bigotico?
María: No te lo puedo decir, porque se esconde. Y además, le tengo miedo. Como si fuera mitad hombre y mitad bestia.
Ruperta: ¡Niña, qué coco tienes!
María: Despide un calor que también es frío.
Ruperta: ¿Tanto? No sabía que la cosa estuviera en estado tan avanzado. ¿Por qué no desembuchaste antes?
María: Pero si no está claro.
Ruperta: ¿A eso tú lo llamas oscuro? ¡Y yo que creía que todavía estaba por las guerrillas de los Andes! ¡María, pero si ya lo tenemos aquí metido!
María: Tú estás loca.
Ruperta· Debe ser el mismo... Que las otras mañanas... Cuando salía del matadero... Me preguntó por ti...
María: Será una mala sombra que me persigue para perderme.
Ruperta: ¡Qué dramatismo! No será mala si es sabrosa.
María: La Conga dice que por nada del mundo deje que me toque con el pico.
Ruperta: Palomo ha de ser.
María: Cuando se pone bajo el farol de la esquina me parece que se enrosca.
Ruperta: Debe ser primo hermano de la serpiente.
María: No debo dejar que me toque ni con las escamas ni con el pico.
Ruperta: Por lo que me dices y de acuerdo con la descripción, debe ser el mismo que siempre me saluda cuando voy al matadero. Yo creo que es un joven con porvenir y que te conviene.

MARÍA: Yo no quiero seguir los pasos de mi madre; no quiero que se cumpla el destino de mi abuela.
RUPERTA: Aprensiones tontas. Prejuicios de formación. Sin contar que el chico sabe lo que quiere.
MARÍA: ¿Es el final?
RUPERTA: Es el principio.
MARÍA: Tengo que ofrecer resistencia.
RUPERTA: De nada podrá valerte. Te tiene entre ceja y ceja.
MARÍA: Es la Muerte, Ruperta.
RUPERTA: Olvídate de lo que has aprendido: misticismos que la Conga te ha metido en la cabeza. Porque, vamos a ver, ¿qué hay de raro en todo esto? ¿Acaso no se pasa horas y horas a la puerta del matadero para verte pasar? ¿Acaso ha puesto al revés la casa de tu padre? Nada, María, exageraciones de la Conga para meterte miedo. Un ciclón... Una marejada... Un viento de agua... Lo de siempre, pero nada del otro jueves. ¡Cede, María, cede!
MARÍA: Quizás tengas razón y me estoy alarmando por muy poca cosa.
RUPERTA: De todos modos tendrás que hacer trabajo voluntario.
MARÍA: ¿Quiero? ¿Debo? ¿Debo? ¿Quiero?
RUPERTA: Si se te acerca, deja que la escama te toque con el pico.
MARÍA: ¿Pico? A veces no sé si es ave de lustroso plumaje o herramienta de cantero o cavador. ¿Mechero de candil? ¿Cúspide de alguna montaña? ¿Parte de alguna vasija por donde se vierte el líquido? ¡Tantas preguntas! ¡Tantas interrogaciones! (*Suspirando*). ¿Parte que sobresale en la superficie de alguna cosa?
MARÍA: Era inevitable. Sabía que a eso íbamos a llegar. La potencia del caballo no tiene límites. ¿Te hiere? ¿Te lastima? ¿A un gustazo un trancazo?
MARÍA: Estoy perdida, lo sé. Estoy otra vez en un callejón sin salida. ¿Qué debo hacer, Ruperta? ¿Acabaré como una Magdalena arrepentida? ¿Se cumplirá en mí el destino de mi abuela, la salvación de mi madre, las leyes de la herencia, la desgracia constante de mi casa? ¿Es la fatalidad o es el libre albedrío? ¿La fuerza del medio ambiente? ¿Es que tengo otra vez sobre mí la nube que presagia la tormenta? ¿El rayo que desencadena tempestades? ¿Es que puedo esconderme en las cartas de la baraja? ¿Es que me puedo encerrar en la semilla del eucalipto? ¿Es que estoy predestinada a la sustancia que hace crecer al mono? ¿Es que nadie puede bendecir un puñado de sal porque está salado?
RUPERTA: ¡Ay, María, qué cerebral me has salido!
MARÍA: Mamá es un alma en pena a sol y sombra. No hay día que

no salga a la calle que no me vea regresar ensangrentada y con el labio partido.
RUPERTA: No le falta razón, pero todo depende de cómo te lo partan... Además, a cualquier hijo de vecino lo puede coger una ruta ocho camino de su casa, pero nadie puede afirmar o negar que estaba escrito.
MARÍA: ¿Debo dejar que todo principio alcance su final? ¿Es verbo o es rugido? ¿Perdición o encuentro? ¿Es un hombre en forma de serpiente? ¿Es una serpiente en forma de ave? ¿Es un ave con cuernos de diablo? ¿Es un diablo con rabo de hombre?
RUPERTA: ¡Qué coco! ¡Qué enfermedad! ¡Qué epidemia! ¡Qué oportunidad! ¡Qué suerte loca!
MARÍA: Desfallezco... No puedo más... ¡Qué perdición, Ruperta! Abre... Déjalo pasar...

(*Oscurecimiento rápido*).

ESCENA IV

RUPERTA, SOLAVAYA

(*Cono de luz roja. Prostíbulo de Ruperta. Un biombo con motivos orientales. Farolitos chinos. Ruperta se ha puesto un kimono oriental por encima de su vestimenta anterior. Es rojo y tiene bordado un dragón*).

RUPERTA: Pasa, pasa, mi General.
SOLAVAYA: ¿Está todo preparado, Ruperta?
RUPERTA: Casi casi, mi Pancho Villa. Estamos poniendo sábanas limpias y almidonadas, por si las quieres manchar de sangre. Yo soy muy exigente con la higiene.
SOLAVAYA: ¿Y ella? No me irás a dar gato por liebre.
RUPERTA: ¿Pero qué tú crees? Aquí se cuelga la mejor carne y no hay engaño en el gancho que la sostiene. Si no pregúntaselo al cabroncito ése, al esbirro del régimen anterior que ahora te sirve de guardaespaldas.
SOLAVAYA: No he querido ofenderte, vieja.
RUPERTA: ¡Deja que la veas! ¡Un tocinito del cielo! Está predestinada para los grandes pintores, las grandes plumas, las grandes paletas...
SOLAVAYA: ¿Asegurada?
RUPERTA: A modo de precaución le hemos cortado las uñas y pues-

to las cadenas. Tiene sus altibajos místicos. Con la influencia de la Conga nunca se sabe. A propósito, ¿por qué no la mandas a matar?
SOLAVAYA: ¿Es que tú no sabes que es negra?
RUPERTA: Pero mi Coronel, ¡qué racista te has vuelto!
SOLAVAYA: ¡Vete a la mierda! (*Mirando alrededor*). Mira, más vale que lo pienses bien y que te hagas más nacionalista... (*Le entrega una bandera*).
RUPERTA: (*Sorprendida*). Pero... pero... pero yo creía que con estos detalles... se veía bien claro... que la carne de aquí... que el matadero era... nacionalista... que el matadero estaba... nacionalizado...

    (*Solavaya se retira por detrás del biombo. Ruperta, vacilante, empieza a desdoblar la bandera que le han dado. Lentamente la extiende sobre el biombo chino*).

ESCENA V

MARÍA LA CONCEPCIÓN, CONGA

    (*Cono de luz blanca. Frente a frente, María la Concepción, en negro, Conga la Santera, en blanco*).

CONGA: ¡Por los clavos de Cristo! ¡Por el caballo blanco de Santiago! ¡Por la espada colorada de Tarik! ¡Por la torre misma de Mahoma! ¡No te me acerques, María! ¿Pero cómo ha sido eso?
MARÍA: Tienes que hacer algo, Conga.
CONGA: ¿Yo? ¿Ahora? ¡Eso no se cura, María! Eso se envenena y se hincha.
MARÍA: No te debes acobardar, Conga. ¡Ayúdame! Ésas son visiones.
CONGA: ¿Visiones conmigo? Pero si para eso mismo he nacido. Para ver. ¿Pero tú crees que gozo teniendo la sombra por delante y la noche por detrás? ¡Ay, Niña, ojalá estuviera loca! ¡Tu cuerpo es una Guerra Santa y a ti no hay reconquista que te salve! ¡Ojalá que me quemaran en la hoguera como hacían en tiempos de la Inquisición! Por bruja o por lo que fuera. (*Señalando al vientre de María*). Ojalá que el monstruo que ahí buscó su nido me saque de este calvario de una vez por todas... Ciega quisiera ser para no verte como hoy te veo.

María: (*Amargamente*). Me recuerdas a mamá con la agonía del labio partido.
Conga: ¿Y tú crees que yo me alarmo por tan poca cosa? ¿Con el labio partido? ¿Y eso qué tiene que ver? Le pasa a cualquier hija de vecino, y las hay muy felices aunque se casen por la iglesia de los tomeguines. Pero lo tuyo, María, es otra cosa. ¡En pecado concebido solamente!
María: (*Sarcástica, pero herida*). ¿Una Virgen de oreja? ¿Un Jesucristo? ¿Un corazón clavado por siete puñales? ¿Una Dolorosa? ¿Una misión histórica que cumplir?
Conga: ¡Que Dios nos coja confesados!
María: Aún se puede hacer algo. Dame los pases en cruz, Conga. Tomaré cocimiento de arrayán o lo que tú digas. Caminaré de rodillas como una penitente. Te traeré un gallo muerto y haré con sus plumas un altar al pie de la ceiba. Haré todo lo que sea necesario. Aún hay tiempo para que no nazca. Todavía se puede hacer algo.
Conga: Nada. Estás preñada y tendrás que parir. ¡Aunque salgan bestias!
María: Habla, explícalo todo de una vez. Quiero conocer mi crimen.
Conga: (*Se sienta. Habla con voz natural. María se sienta a sus pies. En algún momento pondrá la cabeza en el regazo de Conga. Todo dicho con mucha sencillez*). Hay crimen, pero no es el tuyo. ¿Qué culpa tiene la tierra de que caiga en ella la semilla? Ella no tiene culpa del arado, ni del fruto, ni de la flor. La tierra no tiene culpa de que la pisen. Es una injusticia. Es una barbarie. Es una violación a mano armada. Pero no se puede hacer nada contra todo eso. Aun Ella. ¿Es que no has visto su figura, unos rayos laminados en oro sobre Ella, mientras un ángel se le aparece y le anuncia... una desolación sin nombre en los ojos? ¿No son los ojos del espanto escuchando el arrullo de la paloma? No pudo decir que no. Porque María, la sangre del hijo es la sangre del hijo, cualquiera que sea la explicación. Y eso no era precisamente la monstruosidad, sino el llanto. (*Pausa*). No, tú no eres responsable de la monstruosidad. Tú nunca has estado consciente de la monstruosidad: estás libre de ella pero tienes que pagar tu libertad en carne y sangre. (*Pausa*). Por eso, todo se cumple: la cueva por donde sale la bestia es la misma por donde entra: es la Unidad en la Madre del Padre y del Hijo. Sería mejor no entender. Eso, María, es una monstruosidad bíblica en la cual tú representas la inocencia, aunque eres también la cuna de la culpa. (*Pausa*). No, nada se puede hacer. Es una purulencia que surge de la tierra y que se eleva. Nada puede matarlo porque es la muerte. La cueva por donde

sale la bestia, que es la misma por donde entra, tiene escrita las señales de los tiempos. (*Pausa. Se pone de pie*). Lo que te ha pasado a ti es lo peor, lo que no tiene nombre. Porque aquí no hay hijo crucificado sino un cementerio de mil cruces. Cuando lo veas, cada una será para ti un clavo de Cristo atravesándote la frente. Pero al menos Ella podía decir: es Cristo Rey. Tú, nunca. (*Pausa*). Es un feto vivo, María. Está vivo aunque tú lo entierres. Si ahora mismo un veneno te encendiera la sangre y el fuego purificara tu carne, viviría él en la sangre disecada y la ceniza. Está vivo aunque tú misma te enterrases, más allá de tu sepulcro. Es un alacrán que crece. Es un hongo de muerte.

MARÍA: (*De pie, desgarrada, ahogamente*). Sácamelo de aquí.
CONGA: ¿Cara o cruz?
MARÍA: Sigue.
CONGA: ¿Verdad o mentira?
MARÍA: Sigue.
CONGA: ¿Cima o sima?
MARÍA: Sigue.
CONGA: ¿Muerte o muerte?
MARÍA: Entierra el puñal hasta la verdad misma.
CONGA: ¿Habrá solución en ella o la habrá en la mentira? (*Pausa*). No... sería mejor... utilizar... el remedio casero del engaño...
MARÍA: Es demasiado tarde. Prosigue. Apuremos el cáliz de una vez. Encontremos la solución o su incógnita. Hemos ido demasiado lejos. Yo misma quiero saber.
CONGA: ¿Saber? ¿No te lo he dicho todo? Aquí no hay más nada que saber. Hablemos de otra cosa... (*Pausa*). Hace calor y parece que va a llover.
MARÍA: Este tema, María, no lo cambian las tempestades. Sepamos si hay que saber.
CONGA: (*Se sienta*). Sigo. (*Pausa*). Expliquemos la situación. Estamos tan solo en la mitad del crimen. Estamos tan solo en la mitad de la monstruosidad. No es posible retroceder, pero es posible seguir con una venda en los ojos.
MARÍA: Ojos para no ver.
CONGA: O para olvidar que han visto.
MARÍA: No es el caso. Sigue.
CONGA: (*Pausa*). Óyelo bien: la cueva por donde sale la bestia es la misma por donde entra.
MARÍA: (*De pie, de espaldas al público*). Eso ya lo has dicho. Ve al grano. No esperes más.
CONGA: La bestia, cuando se aleja, es entonces que se acerca. Va y viene como si de ella nunca hubiera salido.

María: (*Contorsión de dolor*). Lo sé. Lo he comprobado, Conga. Pero ése es un círculo que no me dice nada nuevo.
Conga: Piensa lo que te voy a decir, María, pero no te vuelvas loca. Ni te saques los ojos para no ver, ni te ahorques para no saber que has visto.
María: ¡Sácalo de aquí!
Conga: No puedo. La verdad es una espina que se encona y que se mete dentro. Sólo la venda en los ojos tiene cicatrices de olvido.
María: Completa la historia de una vez.
Conga: Yo no quiero tu mal sino la verdad, que es el mal mismo.
María: Habla, Conga. No le des más vueltas.
Conga: ¿Es que no comprendes que el mayor espanto del Padre es la misma creación del Hijo? Cuando Él entraba, entraba el Hijo, porque el Padre es el Hijo mismo. Y el Padre y el Hijo son el Hombre mismo, María, todos haciendo uso de ti. Entonces, si el Padre es el Hijo, ¿no ha sido con Él, con el Hijo, María, con quien has engendrado al Hijo? El Hombre, María, es uno sólo, Padre e Hijo: imagen y semejanza en tu vientre mismo. Y no podrás vengarte. Estás atada de pies y manos... ¿Cómo vas a llegar al crimen del Padre si el Padre es el Hijo? Si el Padre mismo es tu propio Hijo... Un Hijo que es la monstruosidad del Padre y acabará ahogándolo todo. ¿Cómo luchar contra el Hijo, María, que es la vida y la muerte de tu propio vientre? Y lo peor del caso es que Él, el Padre, te perseguirá porque siente por ti, precisamente por ti, la monstruosa obsesión del Hijo... En tu vientre, María, está todo, que no es tuyo, que es principio, fin, vida y muerte... (*Pausa*). Habrá que conformarse, María... Habrá que hacer de tripas corazón y buscarle los cinco pies al gato... En el fondo, tú no tienes ni vela en este entierro... Esta historia, muchacha, como las otras, tendremos que tomarla a relajo.
María: (*Volviéndose*). ¿A relajo? Aquí, Conga, ya no se toman las cosas a relajo. El asunto es demasiado bíblico. (*Avanzando hacia el frente del escenario*). Es demasiado tarde: pero no me sacaré los ojos para no ver ni me ahorcaré para olvidar que he visto.

(*Oscurecimiento*).

TERCER ACTO

Escena I

ANDRAJOSAS 1 y 2

(*Luz neutra. Entran las Andrajosas, algo agitadas*).

ANDRAJOSA 1: ¿Cómo? ¿Qué es lo que tú dices?
ANDRAJOSA 2: Lo que tú oyes.
ANDRAJOSA 1: No lo puedo creer.
ANDRAJOSA 2: Lo dice todo el mundo.
ANDRAJOSA 1: ¡Qué bárbaro!
ANDRAJOSA 2: ¿Pero no era abogado?
ANDRAJOSA 1: Ese hombre es de todo.
ANDRAJOSA 2: ¡Qué suerte ha tenido este país!
ANDRAJOSA 1: ¡Qué mano tan experta!
ANDRAJOSA 2: Figúrate, eso no lo hace cualquiera.
ANDRAJOSA 1: Mi tía era comadrona.
ANDRAJOSA 2: Pero no tu tío.
ANDRAJOSA 1: Es verdad.
ANDRAJOSA 2: Y sacárselo así.
ANDRAJOSA 1: Es un hombre que no necesita intermediarios.
ANDRAJOSA 2: Como encarecen la mercancía...
ANDRAJOSA 1: Ahora se usa que los padres presencien el parto.
ANDRAJOSA 2: Eso es otra cosa.
ANDRAJOSA 1: Dicen que es mejor para el trío de la creación.
ANDRAJOSA 2: Pero no es lo mismo meterle mano al asunto y sacarlo uno mismo.
ANDRAJOSA 1: ¡Sacarse a sí mismo!
ANDRAJOSA 2: ¿Cómo?
ANDRAJOSA 1: Que dicen que se parece mucho a él: imagen y semejanza.

ANDRAJOSA 2: Genio y figura.
ANDRAJOSA 1: Uña y carne.
ANDRAJOSA 2: Así el padre, así el hijo...
ANGRAJOSA 1: A Rey muerto Rey puesto.
ANDRAJOSA 2: Pero esto no es una monarquía.
ANDRAJOSA 1: No quise decir eso.
ANDRAJOSA 2: Ni tampoco se ha muerto nadie.
ANDRAJOSA 1: ¡Dios libre al pueblo!
ANDRAJOSA 2: Pero, ¿tanto se parecen?
ANDRAJOSA 1: Como un huevo a otro.
ANDRAJOSA 2: Eso se llama meterle a la genética.
ANDRAJOSA 1: Sólo se diferencian en la edad.
ANDRAJOSA 2: Será el único modo de conocerlos.
ANDRAJOSA 1: Uno es mayor que el otro.
ANDRAJOSA 2: Se prestará a confusiones.
ANDRAJOSA 1: No entre ellos.
ANDRAJOSA 2: No estoy tan segura.
ANDRAJOSA 1: Se conocerán por los galones.
ANDRAJOSA 2: Uno es General y el otro no.
ANDRAJOSA 1: Pero ascenderá con el tiempo.
ANDRAJOSA 2: Con el tiempo y un ganchito.
ANDRAJOSA 1: Da lo mismo.
ANDRAJOSA 2: Robespier se está mojando las barbas porque teme que le puedan arder.
ANDRAJOSA 1: No hay que hacerle caso a los vecinos.
ANDRAJOSA 2: A mí me dijeron que lo bueno que tenía esto era lo malo que se iba poniendo.
ANDRAJOSA 1: ¿Por qué te pones a correr bolas?
ANDRAJOSA 2: Sólo quise decir...
ANDRAJOSA 1: El pez por la boca muere.
ANDRAJOSA 2: Yo estoy clara.
ANDRAJOSA 1: Pues no te hagas la turbia.
ANDRAJOSA 2: En boca cerrada no entran moscas.
ANDRAJOSA 1: No faltará gusano. El enemigo malo no para la sinhueso.
ANDRAJOSA 2: No lo dirás por mí, que yo he pasado más hambre que tu madre.
ANDRAJOSA 1: O que la tuya.
ANDRAJOSA 2: Deja descansar a los muertos.
ANDRAJOSA 1: Todavía no he visto ninguno trabajando.
ANDRAJOSA 2: Vamos a cambiar el tema.
ANDRAJOSA 1: Ya era hora.
ANDRAJOSA 2: Dicen que el compañero recién parido es una monada.
ANDRAJOSA 1: Un niño robusto de ciento sesenta libras.

Andrajosa 2: Y que se sabe toda la teoría.
Andrajosa 1: Enseguida le meterá a la práctica.
Andrajosa 2: Esa mujer era un elefante.
Andrajosa 1: Y otra cosa también.
Andrajosa 2: Ahora la podrán enterrar porque ya dio todo lo que tenía.
Andrajosa 1: Un receptáculo muy práctico.
Andrajosa 2: En fin, que se aumentó la tribu.
Andrajosa 1: El si puede decir que lo trajo al mundo.
Andrajosa 2: Con tal que no se lo lleve al otro.

(*Oscurecimiento rápido*).

Escena II

SOLAVAYA, MANENGUE

(*Luz amarilla. Solavaya tiene una mano vendada*).

Manengue: Lo felicito, mi General. Tiene usted un hijo que se las trae.
Solavaya: Más de la cuenta. Tiene unos dientes que por poco me arrancan la mano y me anulan el gatillo.
Manengue: Debió ponerse guantes para sacarlo. Por aquello de la infección.
Solavaya: Ése no se infesta con nada.
Manengue: Pero la madre...
Solavaya: Es más fuerte de lo que parece. Por algo tiene la exclusiva de los partos trascendentes. Siempre ha tenido particular resistencia para las sangrías. Se desangra pero resucita. Por algo se llama María. Además, le pusimos un suero y le hicimos una transfusión de sangre roja que resucita a un muerto.
Manengue: Debe sentirse orgulloso, Generalísimo. ¡Tremendo toro ha dado usted! Nacer con dientes no es cosa de todos los días.
Solavaya: Lo malo es nacer con tarros.
Manengue: A lo mejor son muelas.
Solavaya: (*Pensativo*). Yo me inclino a creer que son colmillos. (*Pausa. Se queda pensando. Después le da un tabaco a Manengue*). Mira, fúmate un puro.
Manengue: (*Obsequioso*). Gracias, mi Capitán.
Solavaya: (*Descargas de ametralladora*). ¿A quién he mandado a matar a estas horas?
Manengue: A nosotros no ha sido.

SOLAVAYA: ¿Estás seguro?
MANENGUE: Como que estoy vivito y coleando.
SOLAVAYA: ¿Quién estaba en el menú del día?
MANENGUE: El Ciego de la Bahía, como de costumbre. Pero a ése lo matamos siempre a la medianoche.
SOLAVAYA: Tiene que haber una explicación, cabrón.
MANENGUE: Tendrá que haber alguna explicación cabrona, mi General, pero yo no me lo explico.
SOLAVAYA: Aquí no hay un cadáver sin que yo lo ordene. (*Mirándose la mano vendada*). Hay gente a quien se le da un dedo y se quiere coger la mano.
MANENGUE: Será para estrechársela, mi Comandante.
SOLAVAYA: Más vale que averigües. Corre y ve a echar un vistazo por el Muro de la Victoria para ver quien ha sido derrotado.
MANENGUE: (*Cuadrándose*). ¡A sus órdenes, mi Pancho Villa!

(*Sale Manengue. Nuevas descargas. Solavaya está visiblemente preocupado*).

ESCENA III

SOLAVAYA, PÚTRIDA

(*Entra Pútrida disfrazada de enfermera, con gorro algo mal puesto, uniforme blanco que le queda mal, como si no fuera suyo. Está sucio y manchado de sangre. Pedazos de esparadrapos, como si estuviera herida, por los brazos, piernas y cara*).

PÚTRIDA: Con su permiso, mi Teniente Coronel, pero el niño quiere la teta.
SOLAVAYA: ¡Degenerada! ¡Hija de la grandísima! ¿Y eso que tiene que ver conmigo? Ni que yo fuera un producto lácteo.
PÚTRIDA: ¡Ay, mi Comandante, no me vaya a morder que yo no tengo la culpa! ¡Bastante tengo con los arañazos que me ha dado la criatura! No sabe lo que me hace padecer en la zona de la lactancia. ¡Ni que fuera la vasija de la lechera! Hijo, no hay que ofenderse ni hay que tomarlo a pechos, que bastante tengo con la apreciación del nene... La madre no se los puede dar porque la tarjeta de racionamiento no da para tanto y las mamas se le han secado.
SOLAVAYA: Pues que le preparen la fórmula correspondiente.
PÚTRIDA: Se la tragó con pomo y todo, pero no ha sido suficiente.

Todavía tiene hambre. Yo creo, Generalísimo, que tendremos que intervenir alguna vaca o traer alguna del otro lado. Es un germen de batalla con un apetito de infantería.

Solavaya: Daré órdenes para que le traigan un par de vacas de Concepción, que allí se dan con las ubres más grandes.

Pútrida: Pero que sean lecheras, mi Teniente, porque si traen unas de ésas que se pasean por el prado y matan moscas con el rabo, tolón-tolón, seguiremos con el tole-tole...

Solavaya: Serán lecheras, cabrona de mierda.

Pútrida: (*Saliendo*). ¡Qué contento se va a poner el niño, mi General. (*Descargas de ametralladoras*).

Solavaya: ¡Manengue, Manengue...! ¡Ven acá, cabrón! ¡Cabrón!

Solavaya: (*Su propia voz, lejana, fuera de escena, como un eco remoto*). ¡Cabroooooón... Cabroooooón...!

Solavaya: (*Descargas*). ¡Manengue...! ¡Cabrón...! ¡Cabrón...!

Solavaya: (*Voz remotísima fuera de escena*). ¡Caaaabrooooooón!

(*Vuelve Pútrida. Está toda despeinada. Lleva ahora un delantal. No tiene gorro de enfermera. El delantal está sucio, al parecer de comida*).

Pútrida: Con su permiso, Teniente Coronel, pero el niño tiene tremenda perreta y me ha tirado la compota por la cabeza. ¡Mire cómo me ha puesto!

Solavaya: Parece que te ha llenado de otra cosa.

Pútrida: Si sigue así acabaré buscándome una embajada.

Solavaya: Habrá que leerle la Declaración de la Guayana.

Pútrida: ¿Pero por qué cree que tengo el brazo partido? Ese mojón, con el hambre que tiene, le mete el diente hasta al adoctrinamiento. Lo mismo se come la Biblia que el Corán. Nada, que para calmarle el apetito me puse a leerle el discursito de Getisburg, y como es tan corto, se lo tragó de un bocado. Si no tuviera una mentalidad política, se tragaría la Enciclopedia Espasa. Pero el muchacho tiene sus gustos, ¿sabe usted? Cuando empecé a leerle el Manifiesto Comunista, de un tirón me arrancó el texto y un pedazo de hueso. El feto no se anda por las ramas. Con decirle que de un buche se tragó aquel discursito suyo que conmovió a los poetas, Palabras a Cuatro Gatos Comemierdas, y en seguida hizo la digestión. Eso fue de postre y le sirvió de laxante. Sin contar que de aperitivo se había tragado la libreta de racionamiento. Y anda pidiendo espinaca porque quiere ser más fuerte que el Padre y el doble de Popeye.

Solavaya: ¿De Popeye? ¿Y quién le anda leyendo esa propaganda subversiva?

PÚTRIDA: Yo no sé, porque ya sabemos que aquí suspendieron los muñequitos. Alguien del clandestinaje, que se cree que esto es un juego de niños.
SOLAVAYA: (*Se escucha una detonación muy grande*). ¿Y eso que ha sido?
PÚTRIDA: Debe ser el Nene, que se ha puesto a jugar al terrorismo.
SOLAVAYA: Por si las moscas, hay que preguntarle la Cartilla del Tequendama, que es el Viva Hitler que yo escribí cuando estaba convaleciente de la Batalla del Caneje.
PÚTRIDA: Pero con el hambre que tiene hará con ella sopa de letras. Yo creo que lo primero que hay que hacer es solucionar el problema del diente, porque al paso que va y si uno se descuida es capaz de dejarnos sin guerrilla que mandar a los Pirineos. Hace un par de días vino a verlo una comisión del Comité de Serenos Vigilantes de Jacomino y *lo* dejó sin miembro. A mí no me mete el diente porque en el fondo me quiere bien. Además, con la escasez de bicarbonato más vale ahorrarse una mala digestión.
SOLAVAYA: Habrá que darle caldo de presos. Llamaré al cocinero de la Torre de Espantaperros para ponerlo a su servicio.
PÚTRIDA: Me han dicho que es especialista en entrañas rebosadas. Seguro que el Nene hará de ellas su plato favorito.
SOLAVAYA: (*Se escucha la voz de Solavaya desde fuera de escena. Solavaya se sorprende al oírse a sí mismo*). ¡Vieja pelleja! ¡Vieja degenerada! ¡Hija de mala madre!
PÚTRIDA: ¿Dónde yo he oído esa letra antes?
SOLAVAYA: (*Igual fuera de escena*). ¡Hija de mala madre!
PÚTRIDA: Ese muchacho tiene la sabiduría imitativa del mono que va de rama en rama.
SOLAVAYA: (*Igual fuera de escena*). ¡Vieja degenerada!
PÚTRIDA: Me voy porque mi ángel me llama. Seguro que con la conversación se le ha despertado el apetito. (*Alejándose*). No deje de mandarle un buen bocado, mi Comandante.

(*Hay un oscurecimiento gradual*).

SOLAVAYA: (*Voz, fuera*). ¡Vieja bruja! ¡Vieja canalla!
PÚTRIDA: (*Sale gritando*). ¡Ya voy, ya voy, polvillo de adivinar!
SOLAVAYA: (*Ahogadamente, como repitiendo*). Vieja pelleja... Vieja degenarada...
SOLAVAYA: (*Voz, fuera*). ¡Vieja pelleja! ¡Vieja degenerada!
SOLAVAYA: (*Más alto, como si experimentara con el sonido*). ¡Vieja pelleja! ¡Vieja degenerada!
SOLAVAYA: (*Voz, fuera*). ¡Vieja pelleja! ¡Vieja degenerada!

Solavaya: (*Alto, desesperado*). ¡Vieja pelleja! ¡Vieja degenerada!
Solavaya: (*Voz, grito fuera de escena*). ¡Vieja pelleja! ¡Vieja degenerada!
Solavaya: (*Feroz, brutal, completo desgarramiento, como si contestara al otro grito*). ¡Vieja pelleja! ¡Vieja degenerada!

(*El oscurecimiento es casi completo. Después, cono de luz. Regresa Pútrida. Además del brazo, tiene ahora una pierna partida. Entra con un bastón o con una muleta. El pelo recogido hacia atrás en un moño. Regla en la mano. Se supone que sea una maestra. A pesar de estar coja, se moverá rápidamente, formando un círculo, alrededor de Solavaya*).

Pútrida: ¡Cállese, polvillo de adivinar, que coja y todo le voy a partir la regla por la cabeza!
Solavaya: ¡Vieja bruja! ¡Vieja canalla!
Pútrida: ¡Ángel desterrado, que te voy a dejar en penitencia!
Solavaya: ¡Vieja coja! ¡Vieja tuerta!
Pútrida: ¡Quebrantahuesos, que hay que respetar a la maestra!
Solavaya: ¡Vieja coja! ¡Vieja tuerta!
Solavaya: (*Voz, fuera*). ¡Vieja coja! ¡Vieja tuerta!
Pútrida: (*Hace un círculo en dirección contraria*). ¡Ya voy, mi Comandante, mi General, mi Teniente Coronel! (*Como si fuera a salir de escena*). ¡Ya llego! (*Se vuelve nuevamente a Solavaya*). Aquí estoy, mierda de gato. ¡Que me vuelvo loca con tanta gritería!
Solavaya: Yo no te llamé, vieja degenerada.
Pútrida: ¿Y esta pata coja? ¿Quién me la hizo? ¿A qué se debe? ¿Es que me caí por gusto subiendo y bajando las escaleras? ¿Es que practico por gusto la técnica del subi-baja? Oiga, Teniente Quebrantahuesos, que cuando me hice normalista no me enseñaron la didáctica de la cáscara de plátano. Que por cierto, no sé de qué bananera habrá salido. ¡Hay que tomar medidas, mi Coronel! Porque, para colmos, el clandestinaje anda poniendo cáscaras de plátano por todas partes. No hay duda que la cáscara esa salió de Mamaíta Yunai. (*Se sienta. Se dirige más bien al público. Solavaya va quedando entre las sombras. El cono de luz se concentra en Pútrida*). ¡Porque le zumba el tuti-fruti, compañeros! Es mucho riesgo éste por el que tengo que pasar... Que si el Padre dice... Que si el Hijo quiere... Así de un lado para otro. ¡Un corre-corre! ¡Un dale-dale! Si esto sigue como va voy a tener que retirarme. ¡Miren lo destartalada que me encuentro! (*Pausa*). Eso

sí, el chico es un niño prodigio. Como ésos que salían en las películas antes. No en balde anda cabizbajo, porque eso de traer al mundo un feto que nos haga la competencia, tiene su pro y su contra, ¿no les parece? Porque si por un lado les hace publicidad a la Cartilla de Levantapueblos, al Testamento del Viejo y al Viva Solavaya de la Guerrilla de su Padre, ya que ha salido cagadito a su semejanza; por el otro lado se corre el riesgo del sabe demasiado, y poniendo en práctica la didáctica de la guerrilla que de mi Padre lo aprendí, le prepara la cama de los funerales... A mí que no me vengan con estos partos terremotos que no se sabe a dónde van a parar. Como es un feto que se las sabe todas, lo mismo recita el Viva Solavaya de mi General que canta el Himno de Pata *So Yo* —que es la sinfónica del futuro. Conclusión, que no hay quien duerma por el peligro de quedarse en el sueño. Debe ser que como es un tragón que come pero no mastica, lo mismo se traga un Viva la Libertad que un Viva las Cadenas, un Quiéreme Mucho que un Apunten Fuego, aprendiéndoselo todo de corrido; lo mismo se baja con una suma o con una resta, con una incógnita o su contrario: no estoy segura de la digestión del bolo alimenticio y si lo asimila o lo expulsa todo... (*Volviéndose a Solavaya*). ¡Qué verbo tiene el engendro, mi General! Porque cuando habla y repite sus discursos es como si los tuviera grabados en las cuerdas vocales de una cinta magnetofónica! ¡Tiene un pico que no es el de él, sino el suyo! (*Al público*). ¡Qué Hijo, señores, qué admiración por el Padre! Porque los discursos del Padre, ésos en los que metía kilometraje, los sabe como si fueran suyos, los del Hijo. En fin, que cuando habla, es como si hablara el Hijo, digo, el Padre. (*Volviéndose a Solavaya*). Pero mire que se le parece, mi Comandante. En eso le puedo asegurar que no hubo tarro. La misma jeta, el mismo golpe de cara, los mismos pelos entre ceja y ceja. (*Al público*). A veces, cuando lo miro, no sé si estoy mirando al Padre o si le estoy poniendo el biberón en la boca al Hijo. Todo el mundo lo dice: cagadito al Padre, que es el mayor elogio que se le puede decir al Hijo. O cagadito al Hijo, que es el mayor elogio que se le puede decir al Padre. (*Volviéndose a Solavaya*). Porque mire, mi General, si usted pone un espejo delante, dígame sinceramente, ¿a quién ve? (*De pie*). ¿Ve al Padre o al Hijo? ¿A quién ve, mi Comandante?

SOLAVAYA: (*Cae otra vez dentro del cono de luz*). Me veo a mí.

PÚTRIDA: (*Al público*). ¿No se lo decía? (*A Solavaya*). Es lo que yo le venía diciendo, mi General. Porque ayer, cuando lo vi salir de la Estación de Policía...

SOLAVAYA: ¿De la Estación de Policía?

Pútrida: Lo que le digo. Porque había un calor tremendo y yo estaba cogiendo fresco en el muro del Malecón. Entonces pasó usted y me dijo que me cuidara no fuera a ser que un tiburón...
Solavaya: Eso no es verdad, degenerada...
Pútrida: Le voy a advertir, mi Comandante, que no ha sido el primero que me ha advertido tal cosa. Porque no deja de ser cierto que si uno se sienta en el Malecón puede venir un tiburón...
Solavaya: Eso no es verdad, vieja canalla...
Pútrida: Pero si es vos populis. No sería la primera vez que un tiburón hubiera picado.
Solavaya: No eso, vieja bruja. Digo que yo no te vi cuando salía de la Estación de Policía...
Pútrida: Bueno, pues sería cuando entraba...
Solavaya: Ni cuando salía ni cuando entraba. Ayer yo no fui a la Estación de Policía.
Pútrida: Mire, mi General, que yo no estoy loca ni tengo guayabitos en la azotea. Y usted recordará que se volvió hacia Manengue para preguntarle si no era verdad, Manengue, que si uno se sienta en el muro del Malecón y viene un tiburón...
Solavaya: ¿Manengue?
Pútrida: Manengue, que yo lo pongo por testigo.
Solavaya: ¿Y qué hacía Manengue, a esas horas, por la Estación de Policía?
Pútrida: Usted lo sabrá y a mí no me lo pregunte, porque si estaban juntos sabrá de donde venían y adonde iban.
Solavaya: (*Agarrándola por el cuello, sacudiéndola*). ¡Eres un cáncer, vieja canalla! ¡Estás inventándolo todo! ¡Dime que mientes, degenerada!
Pútrida: ¡No me mate, mi Jefecito! ¡No me convierta en tasajo! ¡Digo que miento degenerada!
Solavaya: (*Amenazante*). Que no era yo, Pútrida, a quien viste salir de la Estación de Policía.
Pútrida: ¡Que no era yo, Pútrida, a quien viste salir de la Estación de Policía!
Solavaya: (*La suelta. Pútrida rueda por el piso. Solavaya se desploma en un asiento, moralmente derrotado*). Habla...
Pútrida: (*Asombrada*). ¡Habla! ¡Dios me libre y que no me corte la cabeza el encapuchado! ¡Yo no digo esta boca es mía! ¿Es que no quiere que me quede un hueso sano?
Solavaya: Desembucha...
Pútrida: Que lo haga tu abuela, que era muda y se había quedado sin dientes.
Solavaya: (*Violento*). ¡Vomita, pesadilla!
Pútrida: Que si digo... Que si no digo... Que si hablo... Que si no

hablo. Mire, Capitán de la Demarcación, que ya no puedo más con el Comité del Insomnio Patriotero, ése que nunca duerme para no tener pesadillas y para mandar a dormir a los demás... Que lo que digo... Que no era usted... Que yo tengo cataratas... Que yo tengo guayabitos en la azotea y no sé lo que digo ni lo que veo... Que la luz no me deja ver de la claridad que tiene y que la sombra tampoco de la oscuridad que la acompaña...

SOLAVAYA: (*De pie, algo amenazante*). ¿Y los fusilamientos? ¿Y los muertos? ¿Y las descargas? ¿Quién, Pútrida, sino yo, las ordenaba? ¿Y el hilillo de sangre que me corría por la boca? ¿Y aquel sabor a sangre que no se me quitaba? ¿De quién era, Pútrida, sino mío?

PÚTRIDA: (*Aparte*). ¡Qué falta de tornillo! ¡Qué motor que da marcha atrás y marcha hacia adelante! ¡Qué carburador tan contradictorio! Habrá que seguirle la corriente. (*A Solavaya*). ¡Qué discurso, mi General! ¡Qué palabrotas tan bien ordenadas para el delirio de las masas! ¡Qué embutido tan bien fabricado! ¿De quién otro, sino de usted, podría ser aquella demagogía, aquella sarta de mentiras, aquel triqui-traque? Porque en eso, vamos a ver, ¿es que puede haber alguien que le pueda poner un pie delante?

SOLAVAYA: (*Una detonación*). ¿Es que puede haber... alguien... que me ponga... un pie delante? (*Detonación*). ¿No soy... yo... el que corta... el bacalao...? (*Detonación*). ¿No es acaso... el que corta... el que sabe... hacia donde dirige... el filo del cuchillo...? (*Detonación*). Y si corto..., ¿por qué temer... a ser cortado...? (*Detonación*). ¿No es la castración... de los otros... la seguridad... de mis testículos...? (*Descarga de ametralladoras*). ¿Reafirmación de mí mismo? ¿Es mi imagen en el espejo una reafirmación de mi persona? ¿Peligro si me duplico o aumenta mi seguridad? ¿Es que creando me descreo? ¿Es que existe alguien, Pútrida mía, que pueda ser Yo, mi imagen y semejanza?

PÚTRIDA: (*Sorprendida*). ¿Es... que... puede ser... que El Otro... sea...? (*Cono de luz sobre Pútrida. Solavaya queda entre las sombras*). Entonces... cuando la mierda de gato aventuró la profecía... las señales de los tiempos y las manchas de sangre... (*Pausa*). Cuando se iniciaron las clases internacionales de guerrilla y terrorismo y se les puso la toga y el birrete a los discípulos... Cuando hizo el discurso de apertura en el Aula Magna y... (*Pausa*). Entonces... Cuando explotó la Hiroshima que acabó con el Mercado Único del Pueblo y el Padre estaba durmiendo porque era por la mañanita y el Ángel de la Guardia... (*Pausa*). Entonces... Cuando vi pasar por la frutería de la esquina, entre el ñame, el plátano y la fruta bomba, la sombra aquella que se parecía al Padre pero a la que le faltaba la barba que todavía no le había salido... (*Pausa*). Entonces... Cundo mataron a media humanidad a la hora de la siesta, mientras el Padre estaba dormido porque aquella digestión tan pesada a las tres de la tarde lo tenía metido en un sopor, donde lejanamente le parecía que se daban órdenes de mando, aunque él no se podía despertar porque el Hijo, que estaba despierto, vivito y coleando... (*Pausa*). Entonces... Cuando vinieron los ministros plenipotenciarios y el Padre no pudo salir porque se había metido en la bañadera y tenía aquellos dolores de estómago tan fuertes a consecuencia de los calamares en su tinta, y el Hijo, con el turbante en la cabeza salió a repartirse los territorios de la esquina... (*Pausà*). Entonces... las últimas masacres que han tenido tanta publicidad, que han sido tan aplaudidas por los partidarios del progreso, y que tantos cementerios han ido llenando con sus huesos correspondientes, mientras el Padre no se enteraba porque se rascaba las pulguitas con las putas... (*Pausa*). Entonces... cuando la mierda de gato aventuró la profecía... quería decir que... el Padre... el Hijo... ¡Cagadito al Padre! ¡Cagadito al Hijo! (*Pausa*). Es por eso que ayer... cuando yo me acercaba... uno... otro... todos... igual... lo mismo... ¡El futuro de un pueblo! ¡La tragedia griega de una casa! (*Pausa*). Entonces... la anunciación de la Virgen... la concepción de la Mujer... el parto de la Madre... el calvario de la Mártir... la degradación de la Tierra... (*Pausa*). El coro siniestro de las Andrajosas... El acuerdo tácito de los soldados... Los miles de muertos en el Muro de la Victoria... La constancia del genocidio... ¡El Padre y el Hijo! ¡La historia de la tribu! (*Pausa*). Porque ayer, cuando entraba... Las barbas del Padre... (*Pausa*). ¡No, no! ¡Las barbas del Hijo! (*Pausa*). ¿Las barbas del Padre? ¿Las barbas del Hijo? (*Pausa*). Me dije que era el Padre. Me dije que era el Hijo... Porque si la mierda del gato dice que las manchas de sangre del Padre y el Hijo... Las manchas de sangre de María... ¿La sangre? ¿La historia de la tribu? (*Descargas de ametralladoras*). La... eterna... universal... historia... de la tribu... (*Nuevas descargas*).

SOLAVAYA: ¡Manengue! ¡Cabrón! ¡Manengue! ¿A quién he mandado a matar? ¿A quién están matando en el Muro de los Muertos?

PÚTRIDA: (*Transición respecto al monólogo anterior: grotesco trágico*). ¡Señor, qué facha tengo? ¿Quién me ha metido a mí a buscarle las cuatro patas al gato? ¡Qué familia, Señor, qué gente! ¡El Padre, el Hijo y la Madre que los parió me han puesto como un adefesio! (*Pausa*). En qué lío me he metido, lata de tamales. Porque aquí ni el Padre ni el Hijo salen con vida. Aquí no hay excepción que confirme la regla. Aquí no hay más eternidad que la mismísima muerte. Hay que acabar con Él antes que acabe conmigo, contigo, consigo. (*Pausa*). ¿Con Él? (*Pausa*). Más vale que tome cartas de baraja en el asunto y vigile el destino de la correspondencia. Aquí se trama algo diferente que es la repetición de lo mismo. Porque el mojonete ese acabará sacando las uñas del plato y dejará las marcas de la garra. Y no es que sea una nodriza desnaturalizada ni una pedagoga sin didáctica, pero si me ponen una inyección de cicuta en la mamaria les juro que lo amamanto y le doy sopita de letras envenenadas... Lo cual repetiría con el Padre... Desde que me alfabetizaron sé leer las señales de los tiempos y por todas partes veo cruces de cementerio. (*Pausa*). Planteada la cuestión en términos tan equitativos, estoy dispuesta a aplicar el principio internacional de la supervivencia a toda costa... aunque tenga que jugarme un pase al otro lado si doy un traspiés... Pero, ¿de qué lado me pongo? Aquí nadie acaba en ejecutivo sino en ejecutado... aquí todos somos cabeza de guillotina... (*Apuntando al público*). Tin marín de dos pingüé cúcara mácara títere fue... (*Pausa. A Solavaya*). Mire, mi General, que a pesar de los pesares yo sé respetar las jerarquías y que si usted es el Padre y no el Hijo, tiene el sagrado derecho familiar y pedagógico de meterle las correspondientes patadas por el culo y mandarle a cortar la cabeza de las consecuencias... (*Pausa*). Comprendo que por otro lado, mi General, y siguiendo la moderna pedagogía de la lucha generacional mezclada con su correspondiente lucha de clases, que si usted es el Hijo y no el Padre, tiene el derecho tribal de meterle el ojo por ojo y diente por diente de la patada por la misma parte acompañada de la pena capital... Por consiguiente...

                (*Entra Solavaya dentro del cono de luz, procedente de las sombras*).

SOLAVAYA: Por consiguiente...
PÚTRIDA: (*Retrocede atemorizada*). Por consiguiente...
SOLAVAYA: ¿Con quién hay que acabar, degenerada?
PÚTRIDA: (*Temblando*). ¡Con el Hijo, mi General!
SOLAVAYA: (*Avanzando, amenazante*). ¿Con el Hijo, degenerada...?
PÚTRIDA: (*Retrocede más, aterrada*). ¡Con el Padre, mi Comandante!
SOLAVAYA: (*La agarra como si fuera a estrangularla*). ¿Con el Padre, degenerada?
PÚTRIDA: (*Aterrorizada*). ¡Con el Padre! ¡Con el Hijo! ¡Mi General! ¡Mi Comandante! ¡Solavayaaaaaaaaaa!

                (*Grito de Pútrida. Oscurecimiento rápido. Descargas*).

Escena IV

SOLAVAYA, MANENGUE, MARÍA

(*Solavaya aparece como si lo fueran a ejecutar, una venda en los ojos. La transición entre la escena anterior y ésta debe ser muy rápida*).

Solavaya: ¡Manengue! ¡Cabrón!
Manengue: (*Cuadrándose*). A sus órdenes, mi General.
Solavaya: ¿A quién he mandado a matar? ¿A quién están fusilando en el Muro de la Muerte?
Manengue: No se ponga así, mi Comandante, que una equivocación la tiene cualquiera. Mire lo que le pasó a la pobre Ofelia, que como no sabía contar delató a cuarenta siendo ella la número treinta y nueve. En el dale que no te da pasan cosas como éstas. Gajes del oficio. Vientos de la situación. Funerales de las circunstancias. Mire lo que le pasó a su mano izquierda, que se quedó sin la derecha. ¡No se atormente, que ya se consolará la vieja!

(*En lo alto aparecerá María o su representación: imagen abstracta. Figura cónica, esquemática casi, envuelta en un manto. El manto cambiará de color de acuerdo con las voces. Las voces, grabadas, llegarán desde fuera de la escena*).

María: (*La Anunciación, en blanco; voz fuera de escena*). Lo escucho pero no quiero. Habla pero no debo... ¿Por qué, Madre, por qué? Es un pico de oro que me taladra con su veneno.
María: (*La Magdalena, en rojo; voz fuera de escena*). ¿Qué será de mí...? Si es verdad lo que tú dices de mi abuela... Si es verdad lo que se dice de mi madre... ¿Dónde está la verdad? ¿Dónde está la mentira? ¿Y qué debo hacer con este material de engaño o de conocimiento?
María: (*La Concepción, en negro; voz fuera de escena*). Todo se cumple: la cueva por donde sale la bestia es la misma que por donde entra... Estoy atada de pies y manos... El Padre... El Hijo...
Acabarán ahogándolo todo... Es demasiado tarde: no me sacaré los ojos para no ver ni me ahorcaré para olvidar que he visto.
Solavaya: (*Inmediatamente, grito de Solavaya dando órdenes para su propia ejecución*). ¡Atención! ¡Apunten! ¡Fuego!

(*Oscurecimiento rápido. Descarga. No se verá caer a Solavaya. Pausa larga. En lo alto se va iluminando la imagen de María, ahora en azul. Abajo hay una sombra cuyos rasgos no se pueden distinguir: solamente la silueta representativa de Solavaya tal y como apareció en la primera escena de la obra, pero de espaldas. Se trata en realidad de dos figuras simbólicas: dos representaciones de la realidad*).

SOLAVAYA: ¡Manengue! ¡Cabrón!
MANENGUE: ¡A sus órdenes, mi General!
SOLAVAYA: ¿La mataron ya?
MANENGUE: Órdenes cumplidas, mi Comandante.
SOLAVAYA: ¿La cogieron? ¿Qué pasó con la puta esa?
MANENGUE: Lo de siempre, pero lo agarramos en el último momento.
SOLAVAYA: ¿Y con quién fue esta vez?
MANENGUE: Con el Ciego que Cruza la Bahía.
SOLAVAYA: ¿Y lo fusilaron en el Paredón de la Victoria?
MANENGUE: Como de costumbre, mi General. Como de costumbre, mi Comandante.

(*Oscurecimiento rápido*)

ESCENA V

MARÍA, CIEGO

(*Esta escena debe representarse con una concepción coreográfica, como si fuera un ballet. Puede ser una interpretación danzaria entre María y el Ciego, con María como figura central; puede admitir más figuras. Todo dependerá de la imaginación, posibilidades, preferencias. El motivo musical que se seleccione puede introducirse desde el principio del último diálogo entre Solavaya y Manengue, imponiéndose gradualmente. La música debe tener un contenido trágico y las palabras podrán repetirse hasta el infinito, como una secuencia coral que parece no terminar nunca. Se trata de una libre expresión de sentimientos, emociones, angustias. La figura cónica de María, arriba, en azul, dominará el escenario. La luz jugará dramáticamente, pero predominará el azul: el azul inundará el escenario como un mar inmenso e indefinido. La entrada del Ciego y de María evocará la de la segunda escena del primer acto. Después los movimientos cambiarán de acuerdo con el concepto dramático-coreográfico).*

MARÍA: Nunca... Jamás... Siempre...
CIEGO: Nunca... Jamás... Siempre...
MARÍA: Nunca... Jamás... Siempre...
CIEGO: Nunca... Jamás... Siempre...
MARÍA: Nunca... Jamás... Siempre...

(*Crescendo en azul. Voces que se diluyen en la música, se pierden en el azul. Oscurecimiento gradual. Queda arriba, fija, cono en azul, el manto de la Virgen*).

INDICE

Lo que dice la crítica 5
Primer acto 11
Segundo acto 25
Tercer acto 45

Índice

Este libro se acabó de imprimir el día 4 de junio de 1979, en el complejo de Artes Gráficas MEDINACELI, S. A., General Sanjurjo, 53, Barcelona-25 (España)